序

在北极与次北极地区，生活着数十个北极民族。他们在这一地区已经有上万年的历史，并形成了独特的极地文化。苔原与泰加针叶林构成其典型的自然生存环境，其传统经济以狩猎、捕鱼与放养驯鹿为主。北极的不同民族虽然在族源、语言、生计方式、艺术传统上有着一定的差异性，却无一例外地体现了对极地高纬度寒冷环境的高度适应性。一方面，北极民族对极地环境的依赖使其形成了特殊的生计方式、经济策略、社会组织、文化风俗、宗教信仰和艺术表达；另一方面，北极环境并非一个静态的、封闭的系统，上万年的人类活动与社会文化在很大程度上对环境的整体性进行了重塑与再造，并最终形成了有着鲜明区域特色的北极文化生态。

北极民族在长期的历史实践中积累了丰富的经验，形成了独特的生存智慧。他们的知识体系包括了一整套与宇宙、自然环境、动物、植物以及其他事物互动的、平等的、互惠的生态关系网络。正如挪威人类学家阿恩·内斯（Arne Naess，1912—2009）所提出的那样，他们的宇宙观以一种"深度生态"理念为特征，主张自然的神圣价值，社会与文化由人类与其他生命、事物共有，反对"人类中心主义"观念，认为人并不是世界的主宰，强调人与自然之间价值平等。

驯鹿是北极民族最鲜明的文化特征之一。至今，北极与次北极地区仍有数个民族坚守着饲养驯鹿的古老传统，这些民族包括北欧的萨米人，亚洲北部的涅涅茨人、埃文基人和埃文人，以及欧亚大陆东北部的楚克奇人与科里亚克人，他们形成了一个庞大的北极驯鹿文化圈。生活在内蒙古呼伦贝尔根河市敖鲁古雅鄂温克民族乡的鄂温克人是这个文化圈中最南端的族群。在中国，他们被称为"使鹿鄂温克人"。

《中国唯一的使鹿部落：敖鲁古雅》篇幅并不长，却展

现了丰富的地方传统知识。从该书中我们可以看到，使鹿鄂
温克人有着独特的狩猎历法，他们根据动植物生长规律，将
一年分为六个季节，体现了他们对季节分类和生产活动的关
系的独特认识；从搬迁仪式到祭"玛鲁神"仪式、驯鹿风葬
仪式、祭熊仪式，再到生活中的婚礼仪式、迎宾仪式和葬礼
仪式，处处体现他们对人与自然关系、人与宇宙各种生命体
之间关系的独特处理方式；从他们修建房屋（"撮罗子"）、
制作桦皮船及处理驯鹿产品的各项技术中，可以看到他们在
寒冷环境中形成的生存智慧……这些传统知识是十分珍贵的，
它不仅体现了人类文化的多样性，也体现了人类生态知识的
多样性。

　　北极民族拥有独特的传统生态知识，他们对北极环境的
认知是独一无二的。国际社会已清楚地意识到，无论是环境
保护问题还是可持续发展问题的解决，都需要北极原住民传
统生态知识的支持。1994 年，签署《北极环境保护战略》的
8 个北极地区国家在冰岛召开的"原住民发展研讨会"上，正
式将北极原住民生态知识纳入环境保护相关方案和战略，体
现了传统生态知识在北极环境资源保护与治理上无可替代的
价值。

传统生态知识（TEK，traditional ecological knowledge）虽然在北极地区代代相传，但作为学术概念出现不过是近几十年的事。这个概念的提出显然是必要的，也是有价值的。它不同于传统的科学视角，为科学研究提供了另外一种解释范式。《中国唯一的使鹿部落：敖鲁古雅》为我们打开了一个有关传统生态知识的窗口，从这里出发，我们或许会观察到一个不同以往的知识世界。

曲　枫

南京师范大学社会发展学院教授

聊城大学北冰洋研究中心教授

2023 年 3 月 16 日

目录

第一章

神秘的敖鲁古雅

森林是人类的摇篮。敖鲁古雅鄂温克民族乡的使鹿鄂温克人，于300多年前自勒拿河流域迁徙到大兴安岭，在密林深处过着游猎生活。森林之舟——驯鹿与他们相依相伴，所以，敖鲁古雅鄂温克人被称为"使鹿部"。

从西伯利亚到大兴安岭，千万里山岭是他们的猎场，森林是他们的绿色家园。千百年来，使鹿鄂温克人延续着祖先的生活方式，带着驯鹿追逐野兽，迁徙于深山密林之间，很少与外界接触，充满了古朴而神秘的色彩。直到中华人民共和国成立前夕，他们还处在原始社会末期的父系家族公社阶段。

图 1 神秘的敖鲁古雅的林间烟火

追寻使鹿鄂温克人历史的足迹

迁徙之路

在铜石并用的时代，使鹿鄂温克人大体分布在贝加尔湖周围及其以东地区，直至黑龙江以北地区。16世纪至17世纪中叶，他们居住在贝加尔湖西北勒拿河支流——威吕河和维提姆河周边，使用驯鹿狩猎，被称为使鹿的"喀木尼堪"或"索伦别部"。

使鹿鄂温克人的老人都说："我们鄂温克人的故乡在雅库特州的勒拿河一带，是300多年前从勒拿河搬到额尔古纳河来的。"直到迁来中国时，他们还是一个大部落，包括布利托天氏族、索罗共氏族、卡尔他昆氏族和给力克氏族。每个氏族有若干个"乌力楞"（家族），每个"乌力楞"有若干个家庭。

《清世祖实录》记载，顺治六年己丑冬十月己丑（1649年11月7日），"赏使鹿部落峨罗克屯贡"，进一步指明

图 2 猎民的冬日迁徙

了使鹿鄂温克人居住的具体地点，说明他们在清世祖时就已经驯养和使用驯鹿了，其族群被称为"使鹿部落"。

使鹿鄂温克人饲养驯鹿，自古以来不备饲料，靠其自由觅食，使其形成了特殊的习性，因此他们必须寻找野兽多，人烟稀少，苔藓、石蕊丰富的地方。

寻找猎民足迹

300 多年前，使鹿鄂温克人越过额尔古纳河，成为渺无人烟的大兴安岭最早的主人。他们使用驯鹿狩猎，人人都是神枪手，个个都是活地图，走遍了这里的山山水水，足迹遍布林海雪原。每个山头，每条河流，每片湿地，都留下了一串串歌谣般的回响、一个个美丽动人的故事。他们是森林的拓荒者，是大兴安岭当之无愧的主人。

历史上，使鹿鄂温克人游猎区一年有半年时间被冰雪覆盖，极寒气候锻炼出他们坚强的性格、刚毅的品质、顽强的作风，以及篝火一样的热情、冰雪一样的爽朗、岩石一样的诚实。他们和鹿共舞，与狍子赛跑，不畏严寒，开启了中国冷极区域的破冰之旅，留下了深刻的历史足迹。

最初，使鹿鄂温克人在大兴安岭西北麓阿尔巴吉河、克坡河、洛乔普河一带狩猎。随着狩猎活动的深入，各氏族逐渐形成了自己的狩猎区域。

使鹿鄂温克每个氏族都按自然河流形成一定的狩猎区域，各氏族之间可以互相使用，但狩猎后必须回到本氏族的狩猎区，不能在外氏族狩猎区内久居狩猎。

索罗共氏族和给力克氏族在阿尔巴吉河、洛乔普河之间游猎；卡尔他昆氏族和布利托天氏族在多凌尼河和克坡河一带游猎。游猎区涵盖了整个贝尔茨河、阿尔巴吉河上游，直到杜林河及呼玛河河源。他们有时去甘河，还曾到过莫尔道嘎河上游。因此，他们的西界是额尔古纳河右岸；南界沿莫尔道嘎河与贝尔茨河两河流域的分水岭而行；东界是大兴安岭包括呼玛河的部分河流；北界是不确定的，因为他们和他们的邻人——呼玛河地区的通古斯人共同使用这一地区。他们偶尔还涉足黑龙江以北的地区。

使鹿鄂温克人会在不同地点与商人进行交易，自然而然分成了三个部分进行狩猎。漠河一带的使鹿鄂温克人被

称为"阿穆尔千",交易地点在阿尔巴吉;贝尔茨河北到

呼玛河一带的使鹿鄂温克人被称为"贝斯特拉千",交易

地点在奇乾;贝尔茨河以南的使鹿鄂温克人被称为"古纳

千",交易地点在杜博维。这三部分人,不仅有不同的交

易地点,而且戴的帽子也有区别。阿穆尔千戴的帽子是用

牛皮做的,很美丽,上面还有两个犴耳朵;贝斯特拉千的

帽子全是用灰鼠皮制成的;古纳千的帽子是以各种颜色的

图 3 猎民在迁徙的路上

布缝制的，上面镶嵌一个灰鼠头。所以，通过戴的帽子就可以判断他们是哪个部落的人。

1944 年，阿穆尔千因反抗日本帝国主义而被迫迁到苏联境内。贝斯特拉千又称奇乾千，其中包括巴千、加布扎鲁什克千、亚格鲁其千。巴千游猎在恩和哈达河、呼玛河支流和阿巴河上游及贝尔茨河上游以北一带；加布扎鲁什克千游猎在贝尔茨河上游南北两岸；亚格鲁其千游猎在阿巴河中游南北两岸，南不过贝尔茨河中游。古纳千又称杜博维千，其中包括好高牙千、猛辉千、金千。好高牙千游猎在贝尔茨河的支流好高牙河的上游和下游；猛辉千游猎在贝尔茨河的支流猛辉河流域；金千游猎在贝尔茨河的支流金河流域。

多年来，他们在贝尔茨河流域的 5 个猎区进行游猎。第一个是索罗共氏族的猎区，在额尔古纳河的伊利给亚河源头，有 7 个"撮罗子"（东北狩猎和游牧民族的一种圆锥形住所）。第二个是固德林氏族的猎区，在阿巴河的乌力给图河上游，有 4 个"撮罗子"。第三个是索罗共氏族中老玛嘎拉兄弟 4 户的猎区，在茂河上游。第四个猎区由 4 个氏族中有亲属关系的家庭组成，在阿巴河上游的马拉奇小河口一带，有 6 户，分两伙居住。第五个猎区有布利托天氏族和卡尔他昆氏族各 4 户，在阿牙苏河游猎。卡尔他昆氏族为锯茸方便临时住在一起，后迁到阿龙山河一带游猎。

迈向新生活的使鹿部

　　中华人民共和国成立之后，内蒙古自治区于 1957 年批准成立了奇乾鄂温克民族乡，游猎的使鹿鄂温克人开始定居；1965 年，使鹿鄂温克人迁至敖鲁古雅地区定居，并于同年建鄂温克民族乡，35 户猎民在根河市满归镇北部的敖鲁古雅鄂温克民族乡安家。"敖鲁古雅"是鄂温克语，意为"杨树林茂盛的地方"。使鹿鄂温克人从一家一户的"乌力楞"走上了集体化道路，生产生活方式也从以狩猎为主改为以饲养驯鹿为主。

　　2003 年，敖鲁古雅鄂温克民族乡实行整体生态移民，迁到根河市西郊 4 公里处。

　　实行生态搬迁后的敖鲁古雅鄂温克民族乡，三面环山，西临西乌乞亚河，301 国道贯穿敖乡全境。"西乌乞亚"是鄂温克语，意为"阳光普照的小河"，一水中流，景色优美。猎民新居设施齐全。全乡由汉、蒙古、回、满、达斡尔、俄罗斯、鄂温克、鄂伦春 8 个民族组成。

　　2003 年生态移民后，很多使鹿鄂温克人在山林中继续饲养驯鹿，传承着独特的使鹿文化。为改善猎民营地的条件，乡政府积极筹措，经常为猎民赠送生活必需品；为猎民购买了拖拉机，为每家每户分发帐篷、"撮罗子"，配备房车、床垫子、铁炉子等生产生活用品；还为每个猎民点的驯鹿建立了档案，定期进行疾病检查，开展驯鹿疫病防治。

　　2007 年 9 月的一天，鄂温克猎民点布冬霞驯鹿营地第一个安装了太阳能电池板等发电照明设备与卫星电视接收机。随后敖鲁古雅鄂温克民族乡五个营地全部用上了电灯，看上了电视，结束了使鹿鄂温克人千百年来游猎生活无电照明的历史，让使鹿鄂温克人的山林家园拥有了现代气息。

　　生态移民后的敖鲁古雅鄂温克民族乡民居为北欧风情小别墅式建筑，两户一栋的二层楼

图 4 放鹿的少女

房，统一供暖供水，室内现代设施一应俱全。

使鹿鄂温克人常说自己赶上了好时代，过上了好日子。索荣花说："我们学会用液化气做饭、用自来水冲洗卫生间。这么好的房子我们要好好爱护。"

随着视野的逐步开阔，越来越多的猎民更加注重生活质量的提高，手机、电脑、轿车也走进了他们的生活。

达瓦夫妇放养驯鹿有 20 年了。他们每天的工作主要是看护驯鹿，晚上再把鹿赶回到圈里。夏天的时候，用烟帮驯鹿驱蚊，照看驯鹿，防止被人下套子。年复一年，日复一日。如今他们山下有新居，山上的营地仍然保留着。

很多使鹿鄂温克人开起了鹿产品专卖店。女店主布丽娜告诉我们，她丈夫在外做工程，她在家里开特产商店和民宿，楼上楼下有 5 张床位可以接待游客。布丽娜的邻居和她一样，几乎家家都经营特产商店或小旅馆。夏天游客最多的时候，一铺难求，使鹿鄂温克人的收入逐年增长。

布冬霞兴奋地说："敖鲁古雅鄂温克人真是越来越幸福了！"年过七十的老猎民安塔布感慨："猎民今天的好日子，是我做梦都没想到的！"

图 5 北欧风情民居、"撮罗子"和驯鹿组成了新敖鲁古雅乡的悠闲生活

— 补充材料 —

根河市位于内蒙古自治区东北部，地处大兴安岭北段西坡，是中国最北部的林业城市，年均气温 −5.3℃，极端气温 −58.2℃，素有"中国冷极"之称。

根河境内

野生动植物

资源丰富

珍稀动物主要有

驯鹿、马鹿、棕熊、犴、

狍子、雪兔、花尾榛鸡等

100 多种

其中列入国家重点保护名录的有

棕熊、雪兔、猞猁、紫貂、水獭等
20 多种

主要树种有

兴安落叶松、樟子松、白桦、山杨等，
森林覆盖率达到 91.3%

林下资源有

笃斯、红豆等野生浆果
30 多种

黄芪、沙参、苁蓉等野生中草药
200 多种

珍贵食用、药用菌主要有猴头、
灵芝、蘑菇等

与世界接轨的使鹿文化

　　使鹿鄂温克人敬畏生命，感恩自然。任时间悄悄流逝，她依旧谨守着自己的古朴和透明，翻开她，看到的便是一部童话。在纯净的大自然中，体验使鹿鄂温克人的生活，你会感受到敖鲁古雅鄂温克族狩猎文化的无限魅力。

　　敖鲁古雅鄂温克使鹿部落饲养着我国仅有的 1300 余头驯鹿，世代传承着独特的使鹿文化，敖鲁古雅鄂温克民族乡也因此被称为"中国驯鹿之乡"。独特的民俗文化、狩猎文化、驯鹿文化、桦树皮文化、萨满文化，依托大兴安岭的森林、河流，使鹿鄂温克人的民俗民风浓缩了整个泛北极圈的寒带森林文化，成为独特的旅游风景线。

　　使鹿鄂温克人不断寻找传统与现代的契合点，努力传承和发扬中华文化。近年来，桦树皮制作技艺、萨满舞、民族婚礼、民族服饰与器具、民族语言、民间神话、民间音乐，以及使鹿鄂温克人岩画、"撮罗子"、传统医药等多项文化被列入根河市级、呼伦贝尔市级非物质文化遗产保护名录，这些民族文化重新焕发生机，绽放出绚丽光华。

目前，世界上有 9 个国家 20 多个民族饲养驯鹿，驯鹿总数约 250 万头，多分布在俄罗斯、挪威、瑞典、芬兰等欧洲国家。敖鲁古雅鄂温克族是我国唯一饲养驯鹿的民族。以"人 · 驯鹿 · 自然——可持续发展"为主题的第五届世界驯鹿养殖者大会于 2013 年 7 月 25 日上午在美丽的敖鲁古雅乡开幕，来自挪威、芬兰、瑞典、丹麦、俄罗斯、苏格兰、蒙古等 9 个国家的养殖者代表，以及媒体记者和应邀嘉宾共 300 余人参加了大会，这标志着我国驯鹿产业已与世界接轨。

走进德柯丽的敖鲁古雅民族手工艺坊，一件件具有浓郁民族特色的手工艺品映入眼帘，有精美的鹿皮小挂件儿、钥匙链、毛皮背包，也有民族服装和饰品、桦树皮制品等，充分展现了使鹿鄂温克人独特的民族文化内涵。

安塔布老人是敖鲁古雅鄂温克族熟皮子技艺的传承人。在古稀之年，老人还亲自熟制毛皮并缝制使鹿鄂温克人传统兽皮衣服。她说一定要把这项技艺传承给子孙后代，让使鹿鄂温克人的民族文化更好地传承下去。

使鹿鄂温克人的民族文化具有小众性、社会形态原始性、狩猎古老性、驯鹿唯一性、文化独特性、影响国际性的特点，因而备受关注。敖鲁古雅成为根河市的一张名片，一个金字品牌，一种特殊符号。

在长期的游猎生活中，使鹿鄂温克人总结和完善了独特的一年六季的狩猎历法，彰显了其民族文化的鲜明性和独特性。生态搬迁后，使鹿鄂温克人放下猎枪，不再打猎，昔日的猎民点成为放养驯鹿的营地。敖鲁古雅的使鹿鄂温克人的生活迈进新时代，传承和保留下来的驯鹿文化却如浩渺苍穹中的星子一般熠熠生辉。

图 6 晨曦中的鄂温克少女和她的鹿群

第二章

今日敖乡

现在的敖鲁古雅鄂温克民族乡占地面积 1767.2 平方公里，总人口约 1550 人，由汉、蒙古、回、满、达斡尔、俄罗斯、鄂温克、鄂伦春 8 个民族组成，其中，鄂温克族 332 人，饲养着我国仅有的 1300 余头驯鹿。

2008 年，根河市政府制订旅游规划，将敖鲁古雅鄂温克民族乡 62 座民居打造成北欧风格，建立了敖鲁古雅学校，规划了街道等。

2022 年 4 月，敖鲁古雅使鹿部落景区提档升级改造，9 月晋升为国家 AAAA 级旅游景区，保留和传承敖鲁古雅独特的民族文化元素和符号。这个小乡镇用她的文化征服了无数人，没来过的人向往，来过的人还想再来，甚至情愿蜗居民宿，做着古老的兽皮制品；或融入山林，把自己变成野花、草木、阳光、微风，陪着鹿群静好余生。

来到敖鲁古雅，有些地方一定要去看看。

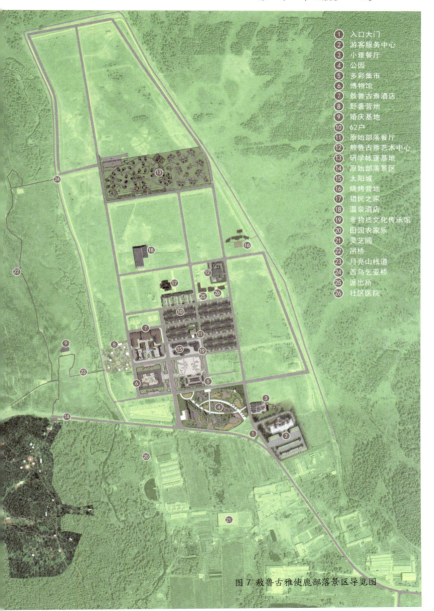

① 入口大门
② 游客服务中心
③ 小雅餐厅
④ 公园
⑤ 多彩集市
⑥ 博物馆
⑦ 敖鲁古雅酒店
⑧ 野蓁营地
⑨ 婚庆基地
⑩ 62户
⑪ 原始部落餐厅
⑫ 敖鲁古雅艺术中心
⑬ 研学帐篷基地
⑭ 原始部落景区
⑮ 太阳城
⑯ 烧烤营地
⑰ 猎民之家
⑱ 温泉酒店
⑲ 非物质文化传承馆
⑳ 田园农家乐
㉑ 灵芝园
㉒ 吊桥
㉓ 月亮山栈道
㉔ 西乌乞亚桥
㉕ 派出所
㉖ 社区医院

图 7 敖鲁古雅使鹿部落景区导览图

敖鲁古雅鄂温克族驯鹿文化博物馆

敖鲁古雅鄂温克族驯鹿文化博物馆始建于 2003 年，先后经历两次改扩建。最近一次改扩建始于 2021 年，2022 年建成投入使用，改扩建后的博物馆总建筑面积 1796.7 平方米，是中国唯一的以驯鹿为主题的博物馆。

驯鹿文化博物馆通过"我们的生活——游猎与牧养驯鹿""我们在行动——非物质文化遗产和民族志影像""我们的家园——敖鲁古雅鄂温克族乡""我们和世界——泛北极圈文化""我们在祖国——大家庭的怀抱里"五个主题进行展览，全方面地展示生活在呼伦贝尔根河市敖鲁古雅鄂温克民族乡的"中国唯一的使鹿部落"鄂温克人的生产、生活方式及迁徙后社会生活发生的巨大变化，全面地展现根河深厚独特的文化魅力，展示根河市在独特的自然环境与历史环境中的发展历程。

作为根河市城市形象符号、教育基地、文化品牌、地域名片，以及城市文化、历史文化、民族文化展示载体，

图 8 敖乡民居

博物馆以铸牢中华民族共同体意识为主线，展览的核心内容是在中国共产党的领导下，根河市艰苦创业的奋斗史、民族融合的发展史、响应时代的改革史。博物馆的改造完成，进一步提升了根河市整体形象，促进了根河市历史文化和文物的保护与传承。通过进一步推进展示和系列教育活动，能够进一步丰富爱国主义、社会主义教育途径，丰富社会文化服务，促进精神文明建设，服务民族教育，充分发挥生态教育主渠道作用，提升城市品位和人文底蕴。同时，通过打造精品博物馆，让公众在沉浸式、互动式的游览体验中被深厚的人文气息和历史积淀吸引，进而提升"中国冷极"根河市及"驯鹿之乡"敖鲁古雅旅游景区的知名度，形成集聚效应，带动大量游客集聚根河市，促进旅游业进一步发展，从而为根河文旅行业高质量发展打下良好基础。

非遗传承中心和研学教室（太阳城）

太阳城是敖乡里比较显眼的建筑，与博物馆相呼应，太阳形的拱门熠熠生辉。太阳城整体建筑分前、后两楼，前楼是党群服务中心和满洲里党建学院根河分院，后楼是根河市非物质文化遗产传承中心。

根河市现拥有各级非遗项目19项，其中国家级3项，非遗传承人22人。为遵循"以人为本、活态保护、活态传承"的理念，推动非物质文化遗产融入当代生活，根河市文化馆将太阳城后楼一楼修建成"非遗活态传承中心"，非遗传承人在此展示传统手工艺品制作过程，同时售卖敖鲁古雅鄂温克族土特产和文创产品等；二楼为敖鲁古雅非遗研学教室，定期邀请非遗传承人、民间手工艺大师为有研学需要的人群演示、授课。

如果你想自己动手做一朵太阳花、一个兽皮包或者桦树皮盒送给亲人和朋友，那么这里是你最好的选择。这里同时也是静音忘尘的佳处。

西乌乞亚吊桥

　　"西乌乞亚"，鄂温克语，意为"阳光普照的小河"。西乌乞亚河环绕着敖鲁古雅鄂温克民族乡，吊桥就坐落于河面上，是通往敖鲁古雅山的悬索桥。吊桥于2017年8月3日开工兴建，2017年9月3日竣工，历时32天。该桥为四塔六跨桥，全长90余米，其中三个主跨长度相等，合计70米，是为庆祝内蒙古自治区成立70周年而建。

敖鲁古雅艺术中心

敖鲁古雅艺术中心由原来的锅炉房改造而成，占地面积 3040 平方米，建筑面积 660 平方米，是敖鲁古雅乡公共文化中心、艺术之家，主要用于举办文化艺术展览和交流活动。根河四季分明，从不缺少油画素材，著名的鄂温克画家柳巴和维佳更是给敖鲁古雅增添了浓厚的油画氛围。敖鲁古雅艺术中心也是零基础油画学习基地，不管你有没有油画学习经历，都可以在老师的指导下完成一幅属于你自己的画作。

来到敖鲁古雅，每个人都有艺术创作的冲动和天赋。

桦树皮手工作坊

鄂温克人对于白桦树这一木本植物的性质与功能了如指掌，他们用桦树皮制作帐篷、日常生活用具，那随处可见的以桦树皮为原料制作的精美用具逐步发展成使鹿鄂温克人传统文化的一个重要组成部分。2008 年，桦树皮制作技艺被列入国家级非物质文化遗产名录。同年，在内蒙古自治区公布的第四批全区民间文化艺术之乡中，敖鲁古雅乡被命名为"桦树皮文化之乡"和"驯鹿文化之乡"。

敖鲁古雅鄂温克民族乡的乡民都是天生的艺术家，每个民宿都是手工作坊。他们用鹿角、鹿骨、兽皮、桦树皮等做成手工艺品。说到比较知名的作坊，推荐宋仕华老师的讷勒克斯手工坊、德柯丽老师的服饰坊、敖鲁古雅喜温手工坊等。

敖鲁古雅原始部落景区

　　原始部落景区位于敖乡西南 500 米处 301 国道的南侧，占地 1 平方公里。夏季景区有驯鹿 40 余头及各类野生动物，有"撮罗子" 10 余个、地窨子 2 个、狍子苑 1 个、驯鹿苑 1 个、萨满小屋 1 处、演艺广场 1 处、神树台 1 处、转盘悠千 3 个。这里展示着中国唯一的使鹿部落原始的生活方式，是中国北方游牧民族历史文化的活化石，再现了原始社会的历史风貌。在这里可以与驯鹿亲密接触，与自然相拥融合，体会生命不老、生态不朽的原始意义。原始部落景区包括"撮罗子"进化史、萨满文化主题广场、射箭场、木栈道沿途景观等，让你在了解猎民文化的同时，感受神秘的敖鲁古雅幽远的历史文化。

　　在这里，游人可与驯鹿近距离接触，用苔藓喂驯鹿，与小驯鹿玩耍，观公鹿雄姿，与驯鹿合影；可用葵花籽喂小鸟；可以观赏小松鼠在树上跳来跳去和在地上跑来跑去的身影；可以观赏动物苑内饲养的狍子。在景区的"撮罗子"里，可以与猎民一起烤制"格列巴"（面包）、鹿肉，可以品尝肉干、"阿拉基"（点心），还可以免费品尝肝复灵草药茶。冬天可乘坐驯鹿拉的爬犁在林中穿行，体验冷极根河。

一个大"撮罗子"里，还展示有猎区的狩猎工具、生产工具和生活用品、桦树皮制品、兽皮制品等，这些都展示了敖鲁古雅猎民的民族文化。

敖鲁古雅小剧场

　　这里是展示敖鲁古雅风情的舞台，它将为你呈现令人震撼的视听盛宴，让你欣赏到使鹿鄂温克人使用鹿哨、口弦琴和"喉音发声打拍法"这一古老的演奏技巧奏出的美妙乐曲。

图 9 新敖乡的冬日清晨

猎民放鹿点

禁猎之后，猎民的驯鹿放养同蒙古族放牧一样，放养地分冬营地和夏营地，要根据季节的变换不断地搬迁。所以，我们要去谁家的鹿点儿，需要现打听、现联系。

表 1 猎民放鹿点一览表

序号	姓名	性别	放鹿点位置
1	王 英	女	满归高地林场
2	刘 峰	男	阿乌尼塔朗空林场
3	何 磊	男	阿乌尼塔朗空林场
4	李 柱	男	阿乌尼塔朗空林场
5	达玛拉	女	阿龙山林海林场
6	金雪峰	女	阿龙山林海林场
7	古革军	男	阿中林场二岔线
8	侯树林	男	阿中林场二岔线
9	古秋生	男	阿中林场二岔线
10	杨 兰	女	阿龙山四支线
11	张海滨	男	阿龙山四支线
12	马 瑞	男	金河达赖沟林场
13	刘 刚	男	金河达赖沟林场
14	古木森	男	阿龙山五支线
15	得克沙	女	阿龙山阿北林场一岔道口
16	索国光	男	阿龙山阿北林场一岔道口
17	达 瓦	男	金河嘎拉牙林场二支
18	布冬霞	女	上央格气林场
19	柳 霞	女	阿龙山南娘河林场

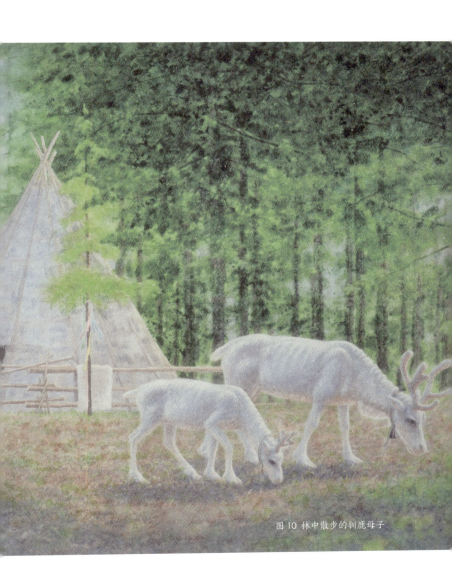

图 10 林中散步的驯鹿母子

驯鹿数量统计情况

一、得克沙、索国光放牧点（阿龙山阿北林场一岔道口）

现有驯鹿头数：104头。

1. 得克沙放牧点：母鹿48头，公鹿30头，小鹿14头。

2. 索国光放牧点：母鹿8头，公鹿2头，小鹿2头。

二、达玛拉、金雪峰放牧点（阿龙山林海林场）

现有驯鹿头数：103头。

1. 达玛拉放牧点：母鹿40头，公鹿18头，小鹿16头。

2. 金雪峰放牧点：母鹿17头，公鹿7头，小鹿5头。

三、杨兰、张海滨放牧点（阿龙山四支线）

现有驯鹿头数：50头。

1. 杨兰放牧点：母鹿12头，公鹿4头，小鹿6头。

2. 张海滨放牧点：母鹿15头，公鹿6头，小鹿7头。

四、古革军、古秋生、侯树林放牧点（阿中林场二岔线）

现有驯鹿头数：170 头。

1. 古革军放牧点：母鹿 70 头，公鹿 45 头，小鹿 21 头。

2. 古秋生放牧点：母鹿 6 头，小鹿 1 头。

3. 侯树林放牧点：母鹿 13 头，公鹿 8 头，小鹿 6 头。

五、达瓦放牧点（金河嘎拉牙林场二支）

现有驯鹿头数：220 头。

母鹿 80 头，公鹿 90 头，小鹿 50 头。

六、王英放牧点（满归高地林场）

现有驯鹿头数：188 头。

母鹿 85 头，公鹿 55 头，小鹿 48 头。

七、古木森放牧点（阿龙山五支线）

现有驯鹿头数：123 头。

母鹿 68 头，公鹿 43 头，小鹿 12 头。

八、布冬霞放牧点（上央格气林场）

现有驯鹿头数：76头。

母鹿42头，公鹿19头，小鹿15头。

九、何磊、刘峰、李柱放牧点（阿乌尼塔朗空林场）

现有驯鹿头数：67头。

1. 何磊放牧点：母鹿12头，公鹿5头，小鹿5头。

2. 刘峰放牧点：母鹿10头，公鹿12头，小鹿8头。

3. 李柱放牧点：母鹿7头，公鹿3头，小鹿5头。

十、柳霞放牧点（阿龙山南娘河林场）

现有驯鹿头数：65头。

母鹿32头，公鹿16头，小鹿17头。

十一、改良站放牧点（金河嘎拉牙林场三支）

现有驯鹿头数：174头。

母鹿71头，公鹿64头，小鹿39头。

图 11 猎民放鹿点搬迁中

十二、马瑞、刘刚放牧点（金河达赖沟林场）

现有驯鹿头数：53 头。

1. 马瑞放牧点：母鹿 6 头，公鹿 9 头，小鹿 4 头。

2. 刘刚放牧点：母鹿 12 头，公鹿 16 头，小鹿 6 头。

截至目前，敖乡共有成年母驯鹿 654 头，成年公驯鹿 452 头，小驯鹿 287 头，总计 1393 头。

（统计时间：2022 年 1 月 1 日至 11 月 29 日）

第三章

一年六季：使鹿部落的狩猎历法

　　300多年前，使鹿鄂温克人过着游猎生活，蓝天当被地当床、北风为伴兽为邻是他们生活的真实写照。

　　中华人民共和国成立后，使鹿鄂温克人由原始社会直接进入社会主义社会，被称为"中国最后的狩猎部落"。几百年来，他们使用驯鹿在原始密林中游猎，足迹遍布大兴安岭的山山水水。他们熟悉每一座山峰、每一条河流、每一片林地，并给它们起了形象贴切的名字。大自然的无穷奥秘如吸铁石一般，吸引着人们的好奇心，激发着人们的求知欲，加快了人们探索的脚步。使鹿鄂温克人经过长期观察和实践，逐渐摸索出天体、气候变化的规律，掌握了植物的生长规律，总结出野生动物活动规律，他们顺应大自然法则，形成了独特的狩猎历法。

图 12 冰雪初融的大兴安岭和猎民的"纠"

使鹿鄂温克人的时间观

过去，使鹿鄂温克人的年龄是怎么计算出来的呢？芭拉杰依道出了原委："孩子出生的日期，猎民以大概的时节来推断计算。比如 4 月下旬至 5 月末，这段时间叫额讷卡拉哈，是驯鹿产崽接羔的旺季。5 月末到 7 月末这段时间叫作依日嘎拉哈，是瞎蒙（牛虻）、鼻蝇密集繁殖的阶段。7 月末到 9 月初叫呼迷乐合，是蚊子和小咬最活跃的季节。人出生的时节确定之后，日期用刻木记事的方法来计算，使鹿鄂温克妇女每一年在玩具篓的边沿上用猎刀刻下一个缺口，这样大概的日期就有了。"

也有靠游猎区发生的大事件来推算年龄的。奇乾乡原名珠尔干屯，又名乌启罗夫，是使鹿鄂温克人与安达（商人）交易的中心。1921 年设奇乾县；1934 年日本侵略者改"奇乾"为"吉如穆图"，1940 年又设立"关东军栖林训练营"；1945 年苏联红军打过来时，猎民加入了

图 13 月辉氤氲中的林间"乌力楞"

围剿日本兵的战斗。此外，从 1908 年开始陆续有官方、民间学者来此调查……这些都成了他们计算年龄的节点，进而推算出生年月。玛利亚布去世后，人们根据她经历的大事件推断她的年龄为 116 岁，她的子女则推算为 111 岁。老一代使鹿鄂温克人的户籍年龄大多是这样计算出来的。

当然，敖鲁古雅的使鹿鄂温克人不是每家、每个人都知道这里曾经发生的大事件。安塔布在 2003 年 8 月已经 60 多岁了，具体六十几岁她自己也不清楚。她说："我们鄂温克人都不记生日的。"乡里推算她的年龄是 65 岁。

受农耕文化的影响，使鹿鄂温克人的语言里也出现了"农历"概念，如春（农念／讷额尼）、夏（卓瓦）、秋（保罗）、冬（土格），这是逐渐演变的结果。

多年以前，使鹿鄂温克人不知道方位、年月、时间，也没有钟表计时，日出日落就是一天。对他们来说，太阳是最精准、最实用的大钟。根据太阳照射的角度，使鹿鄂温克人把东方称为"日出的方向"，把南方称为"中午太阳的方向"，把西方称为"日落的方向"，把北方称为"太阳到不了的方向"。他们称呼太阳为喜温、北斗星为和乌楞恩、彩虹为赛如恩。

使鹿鄂温克人把太阳刚出时（早晨）叫"打犴、鹿的时间"，把太阳正南时（中午）叫"找狍子的时间"，太阳偏西时（傍晚）叫"吃饭的时间"。阴天的时候，他们就根据自己手指在手掌上的影子判断时间。

使鹿鄂温克人的时间观与游猎生活息息相关，与山林生活紧密相连，所以形成了彰显其狩猎生产特点的一年六季。

使鹿鄂温克人的季节划分

一年六季

使鹿鄂温克人对春、夏、秋、冬四季没有严格的划分。

孟和在 20 世纪 60 年代初曾任奇乾鄂温克民族乡党委书记，与猎民朝夕相处，对他们的生产生活十分了解。他列出使鹿鄂温克人的生产活动清单，从实践中总结出来鄂温克人划分的一年六季：

1. 鹿胎期：2 月至 3 月份，鹿胎成长期，但尚未长出胎毛，是最佳胎期。

2. 鹿茸期与驯鹿产羔期：4 月下旬至 6 月上旬，鄂温克语称"农念／讷额尼"（春天）。此时是马鹿茸角生长期，是猎人猎取鹿茸期，同时也是驯鹿产羔期，妇女们在营地内忙于接羔工作。

3. 度夏期：6 月中旬至 8 月上旬，鄂温克语称"卓瓦"（夏天），人们多迁到河边居住。男人夜间守碱池、水泡河汊，等候鹿、犴下山舔碱、吃水草时猎取；白天则到河里捕鱼。

6月下旬至7月上旬，桦树皮最易剥取，男人们制作桦皮船，女人们制作各种桦皮用具并制作熟皮。

4. 集肉期：8月中旬至9月，鄂温克语称"保罗"（秋天）。此时，鹿、犴最肥壮，猎取后晾晒成肉条、肉干，以贮备冬季食物。将鹿、犴脂肪烤成油，骨头砸碎熬成油，以备冬季食用，增加热量。工匠们生火锻铁，打制猎刀、砍刀、熟皮工具等铁制用具；制作鞍子、滑雪板等。妇女们忙着缝制皮衣、皮靴、皮手套等冬季衣服。

5. 叫鹿期和驯鹿交配期：9月末至10月末，这个季节是野鹿交配期，也是驯鹿的交配期。营地里围制圈栏，夜间将种鹿与发情母鹿圈在一起进行自然交配。

6. 冬猎期：11月至翌年2月，鄂温克语称"土格"（冬天）。大雪封山以后，猎人远征狩猎，开始搬迁，一个冬季迁徙数百里，搬迁数十次。积雪太深时，猎人要脚踏滑雪板行猎。主要猎取灰鼠、黄鼬、猞猁、水獭等，将其细毛皮张作商品出售。

使鹿鄂温克人还根据自然界物候的变化，确定一年的

图 14 春日的林间光景

六个季节："西格勒"是雪变黏的季节；"能涅"是春天；"就乌"是夏天；"郝（呼）迷乐合"是蚊虫多的季节；"博咯"是深秋；"图额"是最冷的季节。

一年七季

使鹿鄂温克人对自然界的观察角度不同，观察对象不同，总结出的季节标志也不尽相同。他们还根据动植物生长规律，确定一年的七季：

1. "秋卡玛"：2月末到4月20日，开春。青草刚出芽，是狩猎（打鹿胎、鹿茸）的黄金季节。

2. "额讷卡拉哈"：4月20日至5月末，是驯鹿产崽接羔的旺季。

3. "依日嘎拉哈"：5月末至7月末，是瞎蒙、鼻蝇密集繁殖的阶段。

4. "呼迷乐合"：7月末到9月初，是蚊子、小咬最活跃的季节。

5. 驯鹿交配期：9月中下旬到10月上旬。

6. "敖仁玛"：10月末和11月初，秋季用鹿哨狩猎的季节。

7. 冬季猎取毛皮的季节：11月到2月末，打灰鼠子的季节。

七个季节没有优劣之分，大自然在每个季节都有赏赐。敖鲁古雅的鄂温克诗人维嘉道出了使鹿鄂温克人与大自然的情感："人们与大自然交谈，仿佛它也有灵魂。"

四季与六季

从夏商时期土圭测量日影的方法开始，西周时期确定了四季开始的时间节点：立春、夏、立秋、立冬，到了秦汉时期，农历二十四节气的完整体系才彻底确立下来。从创制时间上来说，使鹿部落狩猎历法要比农历的创制短得多，所以，使鹿鄂温克人的狩猎历法尚存在认识不尽统一、说法不尽相同的问题，是可以理解的。

使鹿鄂温克人为什么把一年分为六季？这主要是由大兴安岭的气候决定的。现代气象学对大兴安岭的四季也存在着不同的划分法：

一种是以月份为基础，按习惯把公历3月至5月、6月至8月、9月至11月、12月至2月分别划分为春、夏、秋、冬四季。另一种是在此基础上结合生产和自然景观的实际做了一些变更，把4月至5月、6月至8月、9月至10月、11月至3月分别划分为春、夏、秋、冬四季，进行四季描述和光、热、水的分析。还有一种是按平均气温划分，升到10℃为冬尽春始，高于22℃为春归夏至，再降到10℃为秋去冬来。总的来讲，冬长夏短，春秋几乎相连。所以，使鹿鄂温克人在狩猎的实践中将一年划分为六季的狩猎历法是符合实际的。

狩猎历法作为使鹿鄂温克人发明的时间制度，是游猎文明的智慧结晶，体现了敬畏自然、顺应自然、人与自然和谐共处的智慧。狩猎历法指导着使鹿鄂温克人的生产和生活，也使现代生态绿色环保理念更加深入人心。

完整而独特的狩猎历法

寒来暑往，草木枯荣。世界上有各种各样的历法，唯独没有狩猎历法的专门记录。内蒙古根河市敖鲁古雅的使鹿鄂温克人保留着完整的狩猎历法记忆，填补了世界狩猎历法史的空白。

从顺治年间开始，使鹿鄂温克人就在大兴安岭西北坡使用驯鹿狩猎生活，只有语言，没有文字，历史文化全靠口口相传。他们在长期的狩猎实践中，通过观察日月星辰、自然环境的变化及动植物的生长变化，把寒暑交替一次的时间作为一年。

使鹿鄂温克人按照野兽的习性进行狩猎，并把一定时间内狩猎的内容高度概括，用固定的名称来表达，总结出了六个季节。使鹿鄂温克人的一年六季与鹿的习性息息相关。

使鹿鄂温克人分季节打猎，什么季节打什么猎物。鹿历来被视为瑞兽。鹿谐音为"禄"，含有吉祥的意义。从唐朝开始，鹿就是进献的贡品。清朝，鹿尾成为皇帝赏赐的物品，也是上流社会宴席上的重头戏，为"八珍"之一。

驯鹿又名角鹿，雌雄皆有角，主要分布于环北极地区，在中国只见于大兴安岭东北部林区。居住在密林深处的使鹿鄂温克人在长期饲养驯鹿的过程中，与驯鹿结下了"不解之缘"。使鹿鄂温克人由物质到精神都离不开驯鹿，他们认为驯鹿是人和神的媒介。驯鹿曾是使鹿鄂温克人主要的运输和代步工具，被誉为"森林之舟"。因为长着鹿角、牛蹄、马耳、驴身，所以驯鹿也被称为"四不像"。驯鹿原本是野生动物，使鹿鄂温克人称其为"索格召"。传说很早以前，有8位使鹿鄂温克人在狩猎时抓住了6只"索格召"崽，他们将其带回家后，搭了一个木栏圈，用苔藓喂养。后来"索格召"不断繁殖，成了今天使鹿鄂温克人驯养的驯鹿。为区别于野生的"索格召"，使鹿鄂温克人将人工驯养的驯鹿称为"奥仁"。

驯鹿性情温顺，喜欢群居，又有必须食盐的习性。使鹿鄂温克人利用驯鹿的这一习性，摸索出了唤回驯鹿的办法，如：夏天只要笼烟，驯鹿便会赶回营地；一听到敲盐袋的声音，驯鹿也会赶回来舔食食盐，以补充盐分。

雌驯鹿的妊娠期为8个月左右，每年农历5月产崽。驯鹿的寿命只有约20岁，鹿崽出生4小时后就能行走，7天左右长出茸角，哺乳期为5个半月至6个月。驯鹿的成活率很高，可达80%。

驯鹿的毛色分为四种：灰褐色、灰黑色、白色和花色，前两种数量最多，还有极少数其他颜色的。

驼鹿又叫犴达罕、犴，是世界上最大的鹿科动物，体长210—230厘米，肩高170厘米左右，成年雄鹿体重200—300千克。驼鹿产于中国的内蒙古、黑龙江、新疆，数量稀少。驼鹿的头又长又大，但眼睛较小。成年雄鹿的角多呈掌状分枝。喉下皆生有一颌囊，雄性颌囊通常较雌性发达。鼻部隆厚，上唇肥大，肩峰高出，体形似驼，故而得名。驼鹿为典型的亚寒带针叶林动物，单独或小群生活，多在早晚活动。

马鹿是仅次于驼鹿的大型鹿类，因为体形似骏马而得名，身体呈深褐色，背部及两侧有一些白色斑点。雄性有角，

一般分为 6 叉，最多 8 叉，茸角的第二叉紧靠于眉叉，比
驯鹿的角更粗壮、对称。夏毛较短，没有绒毛，一般为赤
褐色，背面较深，腹面较浅，故有"赤鹿"之称。马鹿是
使鹿鄂温克人猎取的主要野兽之一，因为马鹿的活动与生
境、季节、气候变化密切相关，有规律可循。

马鹿生活于高山森林或草原地区，喜欢群居。夏季多
在夜间和清晨活动，冬季多在白天活动。善于奔跑和游泳。
以各种草、树叶、嫩枝、树皮和果实等为食，喜欢舔食盐碱。
公历 9—10 月份发情交配，孕期 8 个多月。

马鹿是大兴安岭原始森林中的主要鹿种。它们警觉
性超群，时刻保持高度的警惕性。常栖息于顺风的山半
坡，站得高看得远，一旦发现异常，便闻风而逃。冬天，
它们故意在雪地上乱转，混淆踪迹，然后到下风头的山
顶趴卧望风。

马鹿的听觉、嗅觉都非常灵敏，善奔驰，喜跳跃，好
安静，怕惊吓，会泅水。马鹿在自然界里的天敌有熊、狼、
猞猁等猛兽，但由于性情机警，奔跑迅速，而且体大力强，
又有巨角作为武器，所以也能与捕食者进行搏斗。

图 15 暖冬河边的驯鹿

马鹿习惯栖息在混交林里。母鹿3—5头成群，公鹿平时独居，繁殖季节才和母鹿群居。

马鹿是食草动物，适应性强，各地均可驯化饲养，-50℃亦可正常生活。它以狭叶菜、禾本科草类以及乔木、灌木的幼枝叶为食，也吃松子和野生浆果，喜欢舔食盐碱地碱土。寒冷季节吃干叶、枯草、嫩枝条，也啃食树皮或到碱泡子舔碱。

马鹿浑身是宝，鹿茸、鹿角、鹿胎、鹿尾、鹿鞭都是名贵中药材，是商品交易中最昂贵的猎产品。

马鹿妊娠期为 240—250 天。"诺罗吉"（鄂温克语，意为打鹿胎）的季节，是鹿胎成长期，但尚未长出胎毛，是最佳胎期。此时，马鹿行动迟缓，觅食之后常寻找既隐蔽又容易逃跑的地方趴卧休息。

马鹿出茸的时间是公历 3—5 月份。鹿茸只有在使鹿鄂温克人说的"农念"季节猎取才恰到好处。鹿茸系雄性鹿尚未骨化而密生茸毛的幼角。鹿茸中含有丰富的卵磷脂、氨基酸、维生素和微量元素等，用作滋补强壮剂，对身体虚弱、久病初愈、神经衰弱者有较好的保健作用。鹿茸还可以促进淋巴细胞的转化，提高机体的细胞免疫功能。马鹿长出的鹿茸一般都偏大，颜色偏黑，重量一般在 10—50 斤之间。茸角可分为初角茸、二杠茸、三岔茸、四平头，其中四平头的质量最佳。

春暖花开的公历 5 月是马鹿产崽期，每胎通常产 1 崽。山坡上的马尾松林是母鹿产崽时最喜欢的地方。此外，灌木丛、高草地、沟塘的隐蔽处都是母鹿习惯生产的地方，既能避开天敌的视线，又能做逃走的掩体。

在"农念"季节出生的鹿崽惹人喜爱，光滑的绒毛呈黄褐色，像锦缎一般，体躯两侧有明显的白色斑花，待换冬毛时斑花消失。鹿崽出生2—3天内软弱无力，只能躺卧，很少行动。7天长出茸头后，开始跟随母鹿活动。马鹿哺乳期为3个月，1月龄时可自由觅食，出现反刍现象。

"允喀"是马鹿脱换冬毛的季节，脱毛的马鹿像一幅斑斑驳驳的水墨画，又像是有山、有水、有树的地形图，给大兴安岭增添了动态的美感。

到了农历夏至，鹿角解，脱角的马鹿如释重负，撒欢般地跑进森林。其实，马鹿的角解在"诺罗吉"的时候就开始了。

鹿茸是怎样变成鹿角的呢？每年公历7月鹿茸开始骨化成角。骨化，就是茸皮从根部开始向尖端脱落，海绵体变硬，到了公历9月完全变成骨质鹿角，翌年脱落再生新茸。年复一年，周而复始。马鹿寿命为16—18年。有趣的是，在长新茸的春季，马鹿会蹓往神秘的地方把旧角撞碎，刨土掩埋。（当马鹿感觉到自己太老的时候，就到密林深处寻找睡觉的地方。）

鹿角是公鹿求偶争斗的利器，鹿角的叉数随着鹿的年龄增长而增多，增到八叉便再不增叉。一旦繁殖期结束，鹿角就开始脱落，卸掉沉重的包袱，来年长出新角。不同种类的鹿，繁殖期不同，因而鹿角脱换的时间也不尽相同。

鹿鸣为令，到了交配的时候，河水已开始结冰，河边的沙滩结着星星点点的冰碴。

马鹿的发情期集中在每年的"保罗"季节，发情周期为 21 天左右。发情期间，公鹿之间的争偶格斗也很激烈，几乎夜以继日。格斗通常以弱者招架不住败退了事，强者也不追赶。取胜的公鹿可以占有多只母鹿。

马鹿是使鹿鄂温克人的主要狩猎对象。使鹿鄂温克人在狩猎中有了更多了解马鹿习性的机会，经过长期、仔细地观察，发现了马鹿的明显特征。马鹿什么时候怀胎、什么时候长茸、什么时候舔碱土、什么时候交配都成为物候的标志，周而复始，一个轮回就是一年。使鹿鄂温克人掌握了马鹿的生长规律，按照马鹿的生活习性进行狩猎，因而形成了独特的狩猎历法。

使鹿鄂温克人的狩猎六季

使鹿鄂温克人根据狩猎活动确定一年的六个季节为：

"诺罗吉"，2月至3月，是打鹿胎的季节。

"农念"，4月至5月，是打鹿茸、挡鱼亮子的季节。

"允喀"，6月至7月，蹲碱场狩鹿的季节。

"保罗"，8月至9月，猎取鹿鞭、晾晒兽肉的季节。

"西格勒"，10月至11月，狩猎的黄金季节。

"土格"，12月至1月，天气酷寒，雪及腰深，是打灰鼠的季节。

第一个季节　诺罗吉

"诺罗吉"，又名"讷尔魁""讷克伊"，是使鹿鄂温克人狩猎历法的第一个季节，是打鹿胎的季节。

"诺罗吉"，鄂温克语，意为"雪有壳的时候"，正

图 16 舔食盐霜的马鹿群

值公历的 2 月至 3 月，大致包括农历的立春、雨水、惊蛰、春分 4 个节气。

马鹿头上的"尼莫特"（茸）长出了一指长，有的开始分叉，但还不是打鹿茸的时候。

惊蛰时分，大地仍在白茫茫的大雪中沉睡，熊冬眠未醒，雪兔躲在窝里。除了强烈刺眼的阳光，一切都隐藏在一层硬雪壳之下。

3 月，公鹿脱角已结束，大多数开始生茸。阳坡积雪已融化，表面结一层硬壳，驯鹿蹄部易受外伤。

马鹿没有上门齿，被啃的树皮或树枝的上半部的切口不整齐，猎人可从痕迹的高低来判断马鹿迷失的时间，从而寻找马鹿。也可按足迹寻找马鹿。马鹿足迹与牛相似，大小是牛的足迹的二分之一左右。查看粪便也能找到马鹿的踪迹。鹿粪的形状像羊粪，但比羊粪大，成年马鹿的粪便比羊粪大一倍多。

马鹿从 2 月末、3 月初开始舔食盐霜，这时是猎取母马鹿的好时候。猎杀母马鹿主要是为取鹿胎，这时的鹿胎已成形，未长胎毛，是治疗妇科疾病的良好药材——鹿胎是制作鹿胎膏的主要原料。

第二个季节　农念

"农念"，又名"能涅"，是打鹿茸的季节。

"农念"，鄂温克语，为农历的"春天"，正值公历的 4 月至 5 月，大致包括农历的清明、谷雨、立夏、小满 4 个节气。

春至猎区，碧水冰川。万物润泽，红柳萌生。杜鹃信风，飘落山峦。禽鸟走兽，欢歌跳跃。

"野人无历日，鸟啼知四时"（宋·陆游）。4月是"库哭啦哈"（布谷鸟）鸣叫的季节，此时，鸟鸣对使鹿鄂温克人的狩猎活动有着提示和督促作用。

雪壳首先在"常鲁力"（鄂温克语，意为光山头）区域融化，不长树木的山地阳坡，青草生长最早。马鹿吃了一冬天的枯枝败叶后，每天早晚都会到阳坡寻觅鲜嫩的青草，猎人借此机会猎取马鹿，称为"绰克玛楞"（鄂温克语，"猎青"之意）。

笔者的采访手记中记载道：

> 60年代5月的一天，猎人田景学和孟和来到"常鲁力"光头区边缘扎营，趁天没黑到光山头出猎，见一处小山头上有只马鹿吃草。他们同时开枪，打中的是一头公鹿，鹿茸尚未长出，只鼓出拳头大的两个茸包。
>
> 猎民阿力克斜也猎获了一副三叉鹿茸。他发现对面山头出现了一只马鹿，便借树隐蔽，摸到山脚下，又向上爬了一段，此时，已无树隐蔽，他立即向山顶的鹿开了一枪，

鹿当即倒毙。他爬到山顶一看，是只母鹿。阿力克斜后悔万分地说："若知是母鹿就不开枪了，距离太远分辨不出。"遵照"敖教尔"（古老的传统和习惯），平常是打公不打母的。

雪壳融化后，春天才真正开始。那时候已经是 4 月末 5 月初了，马鹿出现了最好的茸角——四平头。就像鄂温克人芭拉杰依说的那样："秋卡玛，开春青草发芽，狩猎鹿茸的季节。"

成年雄鹿每年 3 月脱角后开始长茸，6 月新茸价值最高，7 月开始老化，8 月底完全骨化，所以，5、6 月份是猎茸的最好季节。

长茸期的雄鹿很安静，常常找个幽静又安全的地方过隐居生活。

笔者的采访手记中记载道：

　　一天傍晚，阿力克斜遛光山头，叫孟和把驯鹿找回来，因为明天要搬迁。孟和在"乌拉林"小河右岸逆流寻找驯鹿，突然，在他面前跳起一只鹿，飞快地向前奔跑，茸角又高又大。起初，孟和还以为是驯鹿，但他立刻醒悟到驯

图 17 河边喝水的驯鹿王

鹿不会那样跑，一定是马鹿。于是从后面开了一枪。说时迟，那时快，只见它涉过了小河，蹿上了左岸的高山头，一会儿就不见了身影，远处传来呦呦鹿鸣。孟和找回驯鹿，向阿力克斜讲了遇到马鹿的事。阿力克斜说：明天不搬迁了，马鹿也许就在附近的光山头吃草，明天咱们再遛一天看看。第二天，他们分头去遛光山头，一小时后，阿力克斜背着一副四叉大鹿茸返回。孟和问他在哪里猎获的，他说：就在昨晚那山的阳坡上，鹿在那吃草，就把它打到了。

在打鹿茸的季节里，猎人迎来了花信风。一丛丛、一簇簇的野花迎着山风漫山遍野地绽放，蝴蝶、蜜蜂、小鸟翩跹起舞，林间成了百花园。

第三个季节　允喀

"允喀"，又名"玖厄阿""狡阿"，是蹲碱场、水泡子猎鹿的季节。"允喀"，鄂温克语，为农历的"夏天"，正值公历的 6 月至 7 月，大致包括农历的芒种、夏至、小暑、大暑 4 个节气。

此时，阳坡的青草长高了，别处的青草也长出来了，马鹿不再经常出现在阳坡吃草了。在太阳的暴晒下，林间积水洼地的泥浆泛起一层白色的碱霜，马鹿经常夜间来舔食，只要在此守候就有猎取马鹿的机会。为了引诱更多的马鹿前来舔食，聪明的猎人又造了许多人工碱场。猎人在碱场的下风处搭一个隐蔽棚，留有瞭望口，将猎枪从瞭望口伸出，等候马鹿的到来。等候期间，不准说话，不准吸烟，甚至被蚊子叮咬也不准拍打。因为马鹿一旦闻到猎人的气味或听到风吹草动，会立刻逃之夭夭。

使鹿鄂温克人利用野兽喜欢舔碱的特点，还在林中搭建兽圈捕猎野兽，主要用来圈犴，所以这种兽圈也称犴圈。

做碱场要选择鹿、犴经常出没的阴坡，面积约 3 平方米。先在地面上挖出直径 1 尺左右的坑，然后用木楔子钻坑，将食盐放入。大碱场有 30 多个坑，小碱场有 20 多个坑，每个坑放 500 克左右的食盐，上面盖上一层土。阴雨天地面碱化，鹿、犴发现后就来舔食地面的碱土，猎民便伺机猎杀。碱场每年春天放一次盐，以保持碱性不退。如果有的碱场引不来鹿、犴，第二年就不再放盐。做一个

碱场只需一两天的工夫。

　　起初做人工碱场的人并不多，因为许多家庭缺乏做碱场所用的食盐。出盐多的家庭自然成了碱场主，但仍坚持平均分配的原则。直到 20 世纪 60 年代，还有 14 块这样的人工碱场。

　　鹿科动物数犴的体形最大，号称"森林巨兽"。犴的

图 18 喜食"真古草"的犴群

肩部隆起好像驼峰,因此又叫"驼鹿"。鄂温克语对每个季节的犴都有不同称谓,春夏的犴叫"波匀",秋天的犴叫"鲁谷浅",冬天的犴叫"陶剋"。猎民对犴了如指掌。

犴的习性怪僻,没有固定的栖息地点。夏季多在山沟、河边的混交林避暑,早晚和夜间活动频繁,机警善跑,极其难擒,猎人经常利用犴食性特殊的特点来猎取它。

犴喜食"真古草"（鄂温克语）。"真古草"是生长在水泡中的一种水草，优于其他草本植物，十分鲜嫩，是犴的佳肴。

夜半时刻，犴铤而走险，行踪诡秘地泅渡到"真古草"丛生的水泡中。它扎猛子潜水吃草，每隔一阵，它的鼻子就伸出水面换气。此时，猎人隐藏在事先预备好的桦皮船里，当犴头浸到水中时，一人快速划船向犴逼近，另一人用扎枪刺入犴的腰部，即肾脏所在，刺中后立即拔出，水流入伤口，犴即刻死去。枪支出现后，猎人就很少用这种方法猎犴了。

第四个季节　保罗

"保罗"，又名"保劳"，是猎取鹿鞭、晾兽肉、叫鹿的季节。

"保罗"，鄂温克语，为农历的秋天，正值公历的8月至9月，大致包括农历的立秋、处暑、白露、秋分4个节气。

金风送爽，每年9月开始，马鹿到了发情期。

图19 猎马鹿

发情的公马鹿用叫声寻找配偶。这时的它们狂躁不安，善鸣好斗，晨昏时刻常在林中空地、高丘鸣叫求偶，声音低沉洪大，在寂静的山林中传播很远。公鹿一旦发现母鹿，就兴奋得一边大声鸣叫一边追撵，附近听到鸣叫声的公马鹿也不顾一切地赶来，一场争夺母鹿的决斗便开始了。猎人利用鹿的生理现象，在鹿的交尾地的树上做隐蔽棚或事先埋伏好，伺机用弓箭、猎枪射杀或设踩夹捕猎。

胜出的公马鹿将雌鹿霸占，败者只身而逃，因此时常形成一雄多雌的鹿群。发情期结束，雌雄分群，母鹿又与上一年的幼鹿一起生活。

猎民芭拉杰依说："敖仁玛，秋季用鹿哨叫鹿的季节。"

模拟动物的行为猎取野兽，是使鹿鄂温克人在实践中摸索出的狩猎方法。拟声诱鹿、伪装围猎、学飞禽鸣叫、狍哨引兽……智取野兽的方法很多，体现了狩猎工具的进步与狩猎技巧的提高。

猎人使用的鹿哨两头都能吹出声响。细头吹出鹿鸣声，粗头吹出犴叫声。为了加强声诱效果，猎人还用桦树皮卷成扩音号角。犴发情期警惕性差，白天潜踪也能成功捕猎。

第五个季节 西格勒

"西格勒"，又名"斯厄勒和""希额勒"，河水开始封冻，落雪不大，是狩猎的黄金季节。

"西格勒"，鄂温克语，本意为"泥泞或沼泽地渐冻"，后发展为农历的"秋末冬初"，正值公历的 10 月至 11 月，大致包括农历的寒露、霜降、立冬、小雪 4 个节气。

大兴安岭原始森林茂密，野生动物繁多。一是种类多，兽类有马鹿、驼鹿（犴）、狍子、黑熊、狼、狐狸、灰鼠、雪兔等；禽类有野鸭、飞龙、猫头鹰、乌鸡等；鱼类有细鳞鱼、华子鱼、狗鱼等。二是数量多，三五成群，天上、地下、山坡、沟塘、河边到处能看到野生动物的踪影。

这些野生动物与使鹿鄂温克人的经济生活密切相关，熊更是成为他们的图腾。

远古时期，使鹿鄂温克人非常崇拜熊，认为熊神圣不可侵犯。后来，使鹿鄂温克人因饥饿所迫，为了生存，就逐渐开始打熊、吃熊肉了。猎熊、分配熊肉、吃熊肉及对熊进行风葬都有禁忌和仪式，这种仪式一直延续到他们放

图 20 别近三枪……

下猎枪专门从事驯鹿养殖。

笔者的采访手记中记载道：

　　1982年春，鄂温克猎人别道只身一人在大兴安岭古莲山区狩猎。一天，他正沿着兽迹寻找猎物，突然发现前方50多米处有一只黑乎乎的大熊在走动。这时，熊也发现了别道，直奔他而来。具有多年狩猎经验的别道临危不惧，迅速把子弹推上枪膛，机智地利用野兽完全暴露的最好时机，举枪勾动了枪机。只听"砰"的一声，大熊应声倒下。不偏不倚，子弹正打进熊的脑门。

　　别道打死这只熊后，凭着经验，他观察着周围的环境，只听青草沙沙作响，从这只熊的后面又上来一只熊。别道摸了摸身上的子弹袋，只剩下四发子弹。这时，别道不慌不忙地推上了第二颗子弹，蹲在地上。等这只熊靠近他时，又一声枪响，子弹穿进了熊的心窝，熊扑腾一下倒在草丛里。别道又等了一会儿，树林里再没有异样的动静。别道上好刺刀，端着枪走到打死熊的地方，用脚踢了踢两只熊，两只熊一动不动。别道又分别在两只熊的身上放了一只空弹壳，然后朝熊来的方向走去。走着走着，猎人敏锐的眼睛发现在前方100米左右的地方，又有两只熊分别往回走，左边的一只还回头瞅着别道。别道从容不迫地把枪顶上子弹，举枪瞄准了这只熊，"砰"的一枪又撂倒了一只。

别道三枪猎三熊的事迹传开后，人们交口称赞："别道不愧是优秀的猎手！"

使鹿鄂温克人打死熊后要说："熊睡觉了。"剥皮时，必须首先割掉睾丸，挂在树上，再动手剥。剥到熊的每个部位都要对熊说一些客气话，如在卸熊的两个前爪时说："今年冬天太冷了，我没有手套戴，向你借副手套来御寒。"卸熊的后掌时要说："今年的冬天太寒冷了，我没有鞋子穿，今天再向你借一双鞋来御寒。"剥皮时绝不能割断动脉，必须把血挤进心脏里去。把小肠取出绕熊头三周后才可切断熊脖。

第六个季节　土格

"土格"，又名"图额"，是打灰鼠的季节。

"土格"，鄂温克语，本意为"最冷的时候"，后发展为农历的"冬季"，正值公历的 12 月至 1 月，大致包括农历的大雪、冬至、小寒、大寒 4 个节气。此时，使鹿

图 21 猎归

鄂温克人开始了冬季狩猎之旅。

此时天气酷寒，雪深及腰，万物悄然遁去，或蛰伏地下，或敛其锋芒，自然仅以萧瑟示人。使鹿鄂温克人的最后一位老"酋长"玛利亚索说："月亮要是戴头巾（四周的光晕）就是告诉人们最冷的时候到了，要多准备木柈子过冬。"（民间也有"月晕白，雨雪来"的民谚）"此时，鹿卧雪，熊冬眠，灰鼠进窝，飞龙鸟钻雪窝。"

玛利亚索说："我第一次打猎打的是灰鼠。整个冬天使鹿鄂温克人都在牵着驯鹿搬家，哪儿有灰鼠就搬到哪里。

图 22　猎人与猎犬沿着雪地上的脚印猎灰鼠

使鹿鄂温克人把冬天叫'打灰鼠的季节'。"

灰鼠因为喜欢吃松子，又叫松鼠。灰鼠的皮毛轻软而耐磨，可做大衣、领子、衣袖、围脖等，在国际市场上享有盛名。它尾巴上的长毛可做毛笔。它的肉别有一股松子的风味。灰鼠在秋季有储存食物的本能，如果本年冬季雪大，灰鼠就把蘑菇挂在树的高处；如果雪小，则把蘑菇挂在树的低处。这样猎人很容易就会发现灰鼠。

古时，在使鹿鄂温克人中，打灰鼠是一些弱劳动力和妇女冬天从事的生产。他们把一种叫"恰日克"的夹子放在灰鼠经常出没的地方，灰鼠一踏住夹子的平板立刻就会被夹条夹住。下的夹子越多，收获的灰鼠越多。

猎人把灰鼠开膛扒皮后，用树枝把灰鼠串起来，放到篝火上烤。烤好的灰鼠肉流着油，撒上少许盐面儿，外焦里嫩，还飘着松子的香味，可与北京的烤鸭媲美。妇女把灰鼠皮熟好后，做成手套、围巾。把两个灰鼠尾系在前额上，随着头的摆动可驱散"撮罗子"里的烟雾。

使鹿鄂温克人从迁来不久就开始使用小子弹的燧石枪打灰鼠等小动物。这种枪叫"乌鲁木苦得"，从枪口放进铅弹、火药，靠燧石与铁片打击出火来发射子弹。当时有枪的猎人不多，主要还靠扎枪和弓箭来狩猎。1906 年，出现了俄国造的"别拉弹克"枪，扎枪、弓箭逐渐被淘汰，猎人有了单独狩猎的条件。1909 年以前，大部分猎人都有了大、小两种燧石枪。后来，猎人改进"别拉弹克"枪，用自己做的小子弹打灰鼠。20 世纪 50 年代，从苏联输入一种新式的打灰鼠的枪——小口径步枪。直到 2003 年生态移民搬迁时，猎民都是用的这种枪。现在鄂温克人已不使用枪支。

打灰鼠也不是件容易的事。灰鼠冬天从树上下来在倒木上找东西吃，踏出许多杂乱的小脚印。猎人不容易摸清它的踪迹，当发现它时，它已从这棵树跳到了那棵树。在打灰鼠时，猎犬是猎人的有力助手。猎犬嗅觉灵敏，闻到灰鼠的气味就会狂吠，猎民也就容易发现灰鼠了。优秀猎手打到的灰鼠皮毛完整，无破损，属一等品。

猎人想要打到更多的灰鼠，必须三天两头搬家。外界把他们称为"喜欢搬家的民族"。

在"土格"季节，使鹿鄂温克人主要打灰鼠，也猎杀马鹿、犴、狍子，以满足日常生活。

第四章

薪火相传的『敖教尔』

　　敖鲁古雅，一个美丽神奇的地方；使鹿鄂温克人，一个睿智神秘的民族。从游猎到定居，从封闭到开放，他们创造了丰富的狩猎文化、驯鹿文化。长期以来，使鹿鄂温克人根据社会生活的客观需要形成了一套行为规范，形成了独特的"敖教尔"，即祖先传下来的习惯或古老的传统。

　　使鹿鄂温克人的"敖教尔"涉及范围很广，从狩猎生产到"乌力楞"生活，各个方面都有很多行为规范。使鹿鄂温克人遵循礼制，凡有重要活动都会举行庄重、肃穆的仪式，以此表达对自然的敬畏、对山林家园的热爱、对生命的尊重、对万物有灵的信仰。这些仪式让他们平凡的日子闪闪发光。

　　使鹿鄂温克人在狩猎时要打大不打小，打公不打母，打老弱残兽，对母兽弃养的幼崽精心饲养。使鹿鄂温克人的"敖教尔"认为这是从狩猎的长远利益出发，利用动物又

图 23 使鹿鄂温克人的传统生活

保护动物，才能实现持续狩猎。猎人打到鹿、犴等野兽之后，务必要把地上的血迹、污物收拾干净，因为他们认为不注重环境保护是一种不道德的表现。使鹿鄂温克人在行猎期间不能唱歌跳舞，不能往去的方向打枪，不能说大话，如"今天一定能打到什么"，打到野兽要冷静，等等。

搬迁仪式

使鹿鄂温克人追随野兽游走狩猎，居无定所，适合他们的房屋——"西格勒柱"（俗称"撮罗子"）便应运而生。"撮罗子"营地又被称为"依嫩"。"撮罗子"易拆易搭，非常适合在冬天需要时常搬家的使鹿鄂温克人。

使鹿鄂温克人搬家时，大家分工合作。有负责把行李家具收拾打包的，有负责拆"撮罗子"的，有负责把粮食捆绑在驯鹿鞍上的，也有负责把驯鹿连成一队整装待发的。老年人则负责把"玛鲁神"请到"玛鲁王"（驮"玛鲁神"的驯鹿）的背上。平时，"玛鲁王"要戴上红笼头，最忌讳人乘骑和役用。

使鹿鄂温克人平时把"玛鲁神"挂在"撮罗子"外面对着"玛鲁"神位的树上，每逢大事才祭祀。搬迁前，在搬去的方向立一个三角木架，挂上"玛鲁神"，下边用"卡瓦瓦"草或"翁基勒"木生起烟，熏之去污。猎民称这种仪式为"乌拉嘎尼楞"（除污之意）。当然，举行仪式时还要向"玛鲁神"祷告一番，告诉神为什么搬迁，是大搬家还是小搬家，请求神不要怪罪猎民频繁搬家，祈求神保佑猎民乘驯鹿一路平安，保佑在新居风调雨顺……此外还要说一些在新居人鹿安康、狩猎丰收的吉利话。

图 24 鄂温克人的搬迁仪式

举行"乌拉嘎尼楞"仪式后，青壮年猎民背着猎枪，手拿砍树刀，在前面开路，一队鹿紧随其后。"玛鲁王"头戴漂亮的笼头，驮着"玛鲁神"，威风凛凛地带领驮运物品的驯鹿和骑乘驯鹿的妇女儿童向新的"乌力楞"营地进发。

博仁那森、古新军在《鄂温克狩猎部落文化艺术》中写道：

> 2003年6月18日，在敖鲁古雅鄂温克民族乡生态移民搬迁至根河市郊前过瑟宾节时，猎民们前往阿娘尼河岩画前，进行告别祭拜。老年妇女在岩画周围的树枝上系上五彩布条，祈求祖先佑护鄂温克使鹿部落兴旺发达；之后部落最受尊敬的长者玛利亚索的长子何协和年轻猎民古革军等用杜香草对岩画周围的岩石的缝隙进行熏香，以去污驱邪；他们在岩画前摆上祭祀用品，向祖先的遗迹鞠躬行礼，最后敬酒，向祖先告别。

祭"玛鲁神"仪式

　　使鹿鄂温克人供奉"玛鲁神"，就像农民供奉土地神、渔民供奉妈祖一样，逢年过节应时祭拜。使鹿鄂温克人常说："打着猎物的日子就是节日！"他们每逢打到野生马鹿或犴的时候，都像过节一样，要祭拜"玛鲁神"，感谢"玛鲁神"保佑狩猎丰收。

　　"玛鲁神"是由 12 种神灵偶像组成的，包括祖先神"舍卧刻"及其喜欢的小鼓、骑乘的"嘎黑"鸟、驯鹿笼头、缰绳、灰鼠皮、刻如那斯（小动物）、水鸭皮，以及对人生命有威胁、保护驯鹿安全的舍利（蛇偶）神、乌麦神、阿隆神、熊神。它们被一起装在桦皮盒或皮口袋中供奉，称为"玛鲁神"。"玛鲁神"平时挂在"撮罗子"外与"玛鲁"神位对应的树上，祭拜时才请进"玛鲁"神位。

　　每当打到犴或鹿时，使鹿鄂温克人都要祭拜"玛鲁神"。做一个三角棚，把犴或鹿的头放在上面，头要朝搬家的方向，祈求"玛鲁神"保佑再次打到野兽。然后将其头、食道、肝、肺拿到"撮罗子"内，放在"玛鲁"神位前所铺树条的右面，最后用驯鹿鞍的苫皮盖上，以防被人看到。第二天，在"撮罗子"外把"玛鲁神"圆形皮口袋（或桦皮盒）中的"舍卧刻"诸神取出，摆放在"玛鲁"神位上，再掀开苫皮，将犴或鹿的心脏切开，用心血涂抹每个神灵的嘴。然后卸开两颊骨，把鹿或犴的头正面切成四半，同内脏一起煮熟后放回原位。还要将心头上的肥肉切成小块，拿一小勺盛起红炭火，放上肥肉块，再放上"卡瓦瓦"草，使其冒烟。在烟上挥动"玛鲁"，再把"玛鲁"放回"撮罗子"外面原处。煮肉的汤不许倒到别处，必

图 25 祭神仪式

须倒到"玛鲁"神位前或旁边。最后按"乌力楞"的人数，把祭品切成块，分给大家吃。

大家分享到"玛鲁神"祭品，仿佛感悟到"玛鲁神"保佑的力量，更坚定了好好生活的信心。

祈求狩猎丰收仪式

使鹿鄂温克人不缺乏打猎技术，却始终认为打到野兽靠的是运气。每逢和外族人一起出猎，打到猎物一定会说："是你带来的运气。"

狩猎是一项既艰苦又危险且丰歉不定的劳动，出猎无果而返是经常的事。那么猎民长期打不到野兽怎么办呢？

在游猎时代，猎人只能到萨满家去求神以获得福气，鄂温克语称"兴克勒"。猎人去萨满家求福之前要准备好两只飞龙鸟或野鸭作为供物，一般还要带去一条手巾或一块布。见到萨满后，先向萨满讲清楚来的目的。萨满答应求神后，再拿出带来的手巾或布挂在萨满家的横杆上。萨满求福时先问："你家有什么血吗？"猎人就回答说有什么血，然后把供物取来敬在"撮罗子"的"玛鲁"神位前。上供时，要把供物的心、肝、肺、食道、舌头等东西分别取出献上。

　　另外，猎人要编一个帘子，铺在"撮罗子"右侧，再用柳条编一只鹿或犴作为假设的猎物，放在帘子上。这时整个"乌力楞"的人都会来参加。身穿萨满服的萨满手持神鼓坐在"撮罗子"内左侧的位置，求太阳神、月亮神赐给猎物。求福的猎人把猎枪弹头去掉，减少火药，持枪在门口等待用枪打假的猎物。

　　1990 年 11 月 12 日，使鹿鄂温克人最后的萨满妞拉在祈求神灵赐给猎物祈祷：

> 聚集我虔诚的族众，
>
> 祈求上界富有的诸神，
>
> 赐给我们富裕的生活，
>
> 祈求掌管野兽的神灵，
>
> 赐给猎人们好运气。
>
> 我们向太阳母亲、月亮父亲祈祷。

　　祈祷一阵后，她站起来在"撮罗子"内跳跃、击鼓、唱祷，接着疾呼："猎物出现了，快射击！快射击！"持枪的猎人立即向假的猎物开枪，枪口喷出的火药气流冲倒了假的猎物，大家一起喊："打中了！打中了！"每一个人都很虔诚。猎人打中"猎物"后，当场假装剥皮、开膛破肚、肢解、割肉，堆放在帘子上。这时萨满向上抛掷鼓槌占卜运气，鼓槌落地，槌面朝上是好运。若槌背朝上，萨满则继续祈祷神赐给好运，再向上抛掷鼓槌，直到槌面朝上落地为止。

最后，猎人把帘子上的"猎物"捆好，拿到外边，挂在树上，朝向太阳初升的方向。经过萨满的求福，时来运转的猎人就能打到野兽了。

使鹿鄂温克人直到20世纪60年代依旧实行平均分配制度。在分配猎物时，那些不能参加狩猎或没有亲人扶养的鳏寡孤独者都要平均分配，这是狩猎者应尽的义务。使鹿鄂温克老人说，就是一只野鸡都要平均分配。他们认为能帮助别人是一种高尚的品质。

图 26　去新营地的路上

驯鹿风葬仪式

　　新出生的小驯鹿偶尔会有畸形的。使鹿鄂温克人认为畸形崽如果是母鹿象征吉祥，如果是公鹿则不祥。畸形崽是活不成的，一般三天之后就会死掉。死后要进行风葬：猎人在畸形崽的耳朵上、脖下、尾巴上系上红蓝色的布条，把尸体挂在很直的桦树上，然后请萨满跳神，求神保佑不再生畸形崽，赐给好驯鹿。跳神的另一目的是让畸形崽的灵魂喜悦，在天堂向神汇报时说人的好话，保佑驯鹿兴旺。

　　20 世纪 30 年代，使鹿鄂温克人对畸形驯鹿进行风葬时，还有立松竿的习俗。如果是小驯鹿，立松竿 2 根；若是大驯鹿，立松竿 8 根。每竿上端有 2 只小鸟。如今，立松竿风葬驯鹿的习俗已消失。

　　顾桃在《忧伤的驯鹿国》中写道："不幸的是昨天（2011 年 5 月 11 日）刚出生的一只小鹿，今天奄奄一息地躺在鹿妈妈旁……小鹿终于还是断气了，老翟（汉族）

图 27 驯鹿风葬仪式

拿起猎刀就去开膛，柳霞喊：'你是日本人呐，那么狠！
我要把它挂到树上去。'我想起三年前，也是一个小鹿
死了后，柳霞远远地挂在了树上的事。这是鄂温克的传统，
死掉的小鹿要挂在树上，等乌鸦来吃，它的灵魂也就随
之去了天堂。"

祭熊仪式

　　有一个猎人进山打猎的时候，突然被母熊抓住了。母熊把他带进山洞，强逼猎人与它成婚。猎人被逼无奈，便在山洞里与母熊共同生活了几年，直到他们生了一只小熊。后来猎人乘机从山洞中逃了出来。母熊发现猎人逃走了，便抱着小熊去追赶猎人。追到江边的时候，发现猎人乘木排跑了。母熊为此十分气恼，就把小熊当场撕成两半，一半抛向猎人，一半留在身边。留在身边的成了后来的熊；抛向猎人的就是后来的鄂温克人。

《鄂温克人的起源》这个神话告诉我们：使鹿鄂温克人把熊视为自己的祖先，他们认为自己是熊的后裔，后来把熊作为自己民族的图腾。

使鹿鄂温克人每次猎到熊，必须由"乌力楞"的全体成员共同吃熊肉，一次吃不完，再吃第二次，直到吃完为止。搬迁时熊油可以带走，但熊肉不能带走。

开餐前，年岁最大的长者坐在"撮罗子"中"玛鲁神"

图 28 使鹿鄂温克人起源传说

的神位上，其余的人依次围着篝火坐成一圈。长者先用小
勺舀满熬好的熊油倒进火里祭火神。油"嗞啦"一冒火苗，
大家喊："火笑了！火笑了！"再齐声学乌鸦的叫声："嘎
嘎⋯⋯"长者说："是乌鸦吃你的肉，不是鄂温克猎民吃
你的肉。"说完把熊油分给每人一份，大家喝了以后才开
始吃肉。熊的心、大脑（头）、食道、眼睛、肺、肝等都
不能吃，因为这些都是风葬的东西。

风葬祭熊是使鹿鄂温克人的传统习惯。吃完熊肉或剥完熊皮后，把熊的心、大脑（头）、食道、眼睛、肺、肝和熊掌及右上肋骨 2 根、右下肋骨 3 根、左上肋骨 3 根、左下肋骨 2 根用桦树条捆好，再用柳条捆 6 道，头向东安葬在两棵落叶松中间事先架好的横梁上，实行风葬。参加的人都要假装哭泣致哀，给熊敬烟。另外，还要在两棵松树的阳面，刮开树皮做成一个平面，横刮 12 道小沟，在沟里用动物的血涂上颜色，并且在第 6 道沟的两端，把熊的双眼镶在树上。然后在上风处点燃火堆，用烟熏熊的尸首除污。

对于害死人的熊，不举行风葬，只剥下皮子留用，其他东西都扔掉。

敬火神仪式

使鹿鄂温克人敬火如神，无论在家中还是在野外，不能用有刃的工具拨火，不能用水泼火，不能将污秽之物扔进火中，吃肉、喝酒要先敬火。

刘云山在《敖鲁古雅风情》中讲述了一个故事：很久很久以前的一个初冬时节，森林里落了第一场雪，有一对青年恋人结了婚。洞房之夜，"撮罗子"里的火不旺了，新娘子随手拿起一把防身的猎刀去拨火，不料火堆不仅没有弄旺，反而很快便熄灭了。他们又去重新生火，怎么也生不着。这一夜，狂风呼啸，大雪飘舞，"撮罗子"立刻成了冰窖。两人依偎在一起瑟瑟发抖，一夜都没入睡，好不容易熬到天明。从此，他们只要在自己的"撮罗子"里便点不着火，只好每天在别人家里借宿。他俩本来都是出色的猎手，可从那以后出去打猎几乎天天空手而归。一天，青年猎人又去打猎，在一棵干枯的白桦树前碰到一位全身

穿着红色衣服的老年妇女，她双手捂着左眼，不停地呻吟。青年猎人行过礼一问，才知道老人是火神。原来，他们结婚那天，火神看到风雪交加、天气很冷，就到洞房里来保护他们，没想到新娘子用刀正好把火神的左眼捅伤了。青年猎人听她讲到这里，立即跪在地上连连赔罪，并且发誓永远敬奉火神。从那以后，他家的篝火常年不灭，狩猎年年丰收，日子过得十分幸福。这件事传开以后，使鹿鄂温克人家家都敬火如神了。

图 29 悠闲的鹿群

　　日子久了，使鹿鄂温克人还形成许多不成文的规定：过年时，年轻人向长辈拜年之前，首先要给火神拜年；吃肉喝酒时，得先向火堆里扔肉泼酒，祭火神；客人到来时，要拿一支火把站在门前，双方在火把上面握手问候，以示有火做证，彼此必须忠诚；出远门归来或外族来人到达"撮罗子"前，都要围着火堆转上两圈以驱邪气；尤其是出嫁的姑娘回娘家时，都要跨过篝火进入家门，象征日子红红火火。另外还有一些禁忌，如：不准用刀拨火；不准用脚踩火；不准用水泼火；不准随便从火上跨过；打猎到了一个地方笼起篝火，在离开时不准将火扑灭，只能让火自行熄灭。此外还有保留火种的习惯。

使鹿鄂温克人无论是打猎还是捕鱼都有敬火仪式。猎人打不着灰鼠时，就把灰鼠皮取出在火上挥动，请"舍卧刻"赐给灰鼠。猎人想多捕鱼，就把水鸭皮取出在火上挥动，求"舍卧刻"多赐给鱼。

1982年，猎民何英刚很长时间打不着野兽，拉吉米在"撮罗子"前笼起一堆篝火，让何英刚背着猎枪从火堆上跨过，然后一直往前走直到打着猎物才能回来。结果，何英刚真的打到一头犴。

有人说敬火是使鹿鄂温克人的风俗习惯，也有人说是迷信，其实，这更是他们打猎经验的总结。猎民长期打猎，身上的血腥气浓重，经过篝火的熏烤，血腥气被除去，加上那时动物又多，对于一个好猎手来说，血腥气被除去后打到野兽是轻而易举的事情。

求雨仪式

　　使鹿鄂温克人遇到久旱不雨，"就抓来两只颜色不同的啄木鸟，嘴朝上放入盛着水的桦树皮盒中，挂在树枝上，这就是鄂温克人的求雨仪式"。

　　求雨仪式在北方少数民族中比较常见，我就曾亲身体验过达斡尔人的求雨仪式。"瑟瑟仪"本是辽代祈雨仪式，达斡尔人完整地保留了这一古老习俗，始终保持着对水的一份崇敬。如今，"瑟瑟仪"这一古老民俗活动已成为达斡尔族的传统节日。每年达斡尔族妇女都在美丽的嫩江岸边举办这个神圣的祭祀活动。各户妇女各带一只鸡和一碗稷子米，聚在河畔一棵高大的柳树下举行求雨祭。先由"巴格奇"诵求雨祷词，妇女们在临时搭的大锅里做鸡肉粥。煮熟后，由"巴格奇"再致祭文，妇女们烧香磕头，然后席地同吃鸡肉粥。接下来每人各持特色容器，舀取河水，相互泼洒为乐。这时候祭祀水神的活动已经延伸成了歌舞狂欢。大家相互泼洒祝福，仿佛大雨降至，丰收来临。达斡尔人的"瑟瑟仪"号称北方的泼水节。人们欢乐的笑声伴着晶莹剔透的水花，成为嫩江岸边一道美丽的风景，也展现着"逐水契丹"的文化中欢快、动感的一面。

令人不可思议的是，本是烈日炎炎，晴空万里，下午时分天边涌上层云，竟然下起了雨。人们毫不遮掩躲避，在雨中欢呼舞蹈。

宝格德乌拉是生活在呼伦贝尔的草原人民心目中最为圣洁的地方，位于新巴尔虎右旗。宝格德乌拉是呼伦贝尔草原上最大的敖包，民间祭祀活动源远流长，据传至今已有200多年的历史了。每年农历五月十三和七月初三是呼伦贝尔牧业四旗牧民自发祭祀宝格德乌拉的日子。

宝格德乌拉在呼伦贝尔牧民心中占有崇高的地位，牧人视敖包为草原的保护神，祭敖包是为"向天神求雨，向地神求草"，"求天神保佑风调雨顺，求地神保佑牧草繁茂畜群兴旺，求人间神灵保佑国泰民安、岁岁太平"。据《蒙古秘史》等记载，早在1206年成吉思汗建立蒙古汗国之前，蒙古族各部落的祭山活动就已比较频繁了。蒙古族祭天、

图 30 游猎的使鹿鄂温克人

祭地、祭敖包等祭祀活动，客观上反映了蒙古人对自然生态规律的认知和把握，他们认为只有不断地适应和尊重自然，才能利用和保护好自然，使"长生天"赐予的自然资源得到永续利用。

虽然各族求雨仪式各不相同，但都体现出北方少数民族自古以来追求"天地人合一"、崇尚自然的哲学思想，包含了他们对自然的敬畏和对赖以生存的土地的热爱。

迎宾仪式

　　使鹿鄂温克人具有古代北方民族重礼、热情、好客的遗风，长幼之间恪守着严格的礼节，老人受到普遍的尊重。在"撮罗子"里座次是固定的，长幼各就其位。听到长辈的呼唤，晚辈必须立即应答。晚辈遇到长辈必须问好、敬烟。吃饭时，只有在长辈动筷后，晚辈才能吃。重活、累活晚辈要抢着干。

　　使鹿鄂温克人的称呼具有鲜明的民族特色，如鄂温克语"合克"是对祖父、外祖父的称呼。使鹿鄂温克人称父亲为"阿敏"，母亲为"额尼"。青年、小孩见到长者都要称呼尊称并问好，不能直呼其名。

　　每当客人从远方来，使鹿鄂温克人全家都会出迎并行执手礼。老人们留给年轻人这样的教诲："外来的人不会背着自己的房子，你出去也不会带着家。如果不热情招待客人，你出门也就没有人照顾你。有火的屋才有人进来，有枝的树才有鸟落。"

当"玛塔"（客人）要去鄂温克"乌力楞"访问时，使鹿鄂温克人总希望在新的住处迎接客人。林海缤纷无纤尘，新搭建的"撮罗子"地面铺上细嫩的落叶松枝丫，熊皮褥、狍皮被用杜香熏过，保证每天都有很好闻的味道。使鹿鄂温克人认为这是对客人最大的尊敬。

新搭建的"撮罗子"旁边或拴或卧着猎犬，炊烟缭绕，空气中弥漫着驯鹿奶茶的香气。妇女们听说有贵客到来，忙着在石头炉上烤制"格列巴"款待来宾。货架上驯鹿鞍、桦树皮篓、兽皮粮袋等日用品码放整齐，毛皮做的雨披苫在上面，桦皮的纹理、兽皮的图案像是挂在林中的一幅水墨画。驯鹿三五成群在附近憩息，悠闲自得地倒嚼。晒肉架上挂满了新鲜的肉条。使鹿鄂温克人的家园在山清水秀的森林中，空气新鲜，格外整洁。

迎接"玛塔"要行执手礼。使鹿鄂温克人为迎接尊贵的客人的到来，会专门在"撮罗子"前点燃神火，在神火的烟雾中和客人握手，欢迎客人，这种仪式叫"呼啦戈拉"。然后从驯鹿用具架上拿来（或早已备好）一张崭新的、毛

茸茸的"库玛兰"（皮毛坐垫），放在"玛鲁"位上，客
人坐在"库玛兰"上享用丰盛的猎餐。

　　"撮罗子"里的兽皮地毯彰显出典雅高贵，内部的席
位也是非常有讲究的。以火位为中心，"撮罗子"门口对
着的是最尊贵的位置（即"玛鲁"位），两侧是长者的位置，
下面是少者位。进门的右侧按惯例由家长占用，其他位置

图 31 宾主进餐

按照亲属制度占用，平时家里人行卧坐睡都有一定规矩。
尊敬的男宾客让到最好的位置，女宾客只能让到待客区，
绝对不能坐到"玛鲁"神位。如果有人误坐了"玛鲁"位，
人走后主人要去污，把坐过的兽皮拿到外面篝火上熏烤。

在游猎时代，使鹿鄂温克人接待客人的食物以兽类的
胸骨肉、脊骨肉、肥肠为贵重，以肉类为主食，以"格列巴"

为副食，饮料是驯鹿奶茶；酒非常珍贵，得来不易，老人都会留一些等来客人时喝。冬季最好是蘸着熊油吃肉，这样夜间睡觉不冷，上山打猎不冻脸，脸上总是有油脂渗出。

在喝酒之前，猎民端着一搪瓷缸酒先敬火神，还要叨咕"尼呼格勒"（意为请火神再赐给猎物）。给客人敬酒时自己先喝，然后请客人喝。客人接过酒也要先向火里洒点，再自己喝，以示尊重猎民习惯。猎民喝酒的习惯是用搪瓷缸轮着喝，每人第一次喝都要先向火里洒点酒敬火神。客人对主人敬酒，是对主人最大的尊重。在没有酒的年代，猎民先用猎刀割块食物抛进篝火里，以敬火神。平时，每次进食前也都要往火里抛掷一点食物。

刀子是猎民的主要餐具，每人都有一把刀子，吃肉吃面包都用刀子割着吃。主妇非常礼貌地将猎刀把递给客人，刀尖是不能对准客人的。受俄罗斯人的影响，贵客来临时也用西餐刀具。

使鹿鄂温克人热情招待每一位远道而来的客人，尤其是"乌力楞"间的互访，每次都要举行"篝火舞"，人们尽情地高歌起舞，到深夜才散。

芭拉杰依在小说《驯鹿角上的彩带》中对迎宾过程做了描述，大意是：

> 达沙一家用最诚挚郑重的礼仪——呼啦戈拉迎接远道来的玛塔帕什卡。达沙的妈妈让米卡和娜佳到干净没人的地方拔一大把杜香，折一把干枝条摆放在"撮罗子"门口，然后让他们一直在大道口张望。在太阳向西边的山脊靠拢时，米卡和娜佳开始往回跑。

> 米卡一边跑一边大声喊道："我看见那个人走在大哥的后面，牵着两头驯鹿，亿罗哥在尽后头也牵着驯鹿，个个驯鹿都驮着肉呢！"

> 这时，达沙妈妈点燃了杜香，神火烟雾缭绕在"撮罗子"的上方。

> 走在最前面的是达沙的大哥，他看到了家人在神火旁等候他们，立刻明白是怎么回事。他停下脚步回头说："帕什卡，你看，阿尔巴吉迁在热烈欢迎你。"说完他接过帕什卡手中的驯鹿笼头绳，礼貌地请帕什卡走在前面。

> 欢迎的人有达沙的爸爸、妈妈、舅舅、舅妈以及兄弟姐妹十几口人……帕什卡迈着稳健有力的步伐，一步一步地走向神火。

达沙妈妈端庄地把双手交叉在胸前，用亲切和善的语气致欢迎词："让晴空和蓝天长久地陪伴着我们，让万能的火神保佑孩子们健康、幸福、快乐、美好！让我们的鹿群肥壮健康，壮大发展，狩猎丰收！"说完，她在神火上燃起的烟雾中握住帕什卡的手问候。达沙的爸爸又做了补充致辞，大舅、大舅妈向帕什卡问候致意，年轻的兄弟姐妹七嘴八舌地道声"旅途愉快"，喜笑颜开。

　　以上虽然是文学作品中的文字，却真实再现了鄂温克人的迎宾礼仪。近几年敖鲁古雅的文化旅游更好地呈现了这些仪式，进一步丰富了其内涵。

婚礼仪式

　　使鹿鄂温克人实行氏族外婚的一夫一妻制。男女从相交为友到恋爱结婚都有仪式，最隆重的还是结婚仪式。

　　选择对象时，氏族间彼此约定在某地点会合，为青年男女创造谈情说爱的机会。恋爱时，若男女双方愿意，再委托媒人介绍。

　　媒人受委托后，带着一瓶酒到女方家，先说明来意，然后拿出酒来向女方父亲敬酒。女方父亲若肯喝酒，亲事就算成了；反之，亲事就没成。一般情况下，父母很少有不同意的，但开始都要假装不喝，要等媒人多费一些口舌，把男方的品德、长相和本领全面介绍一番之后，女方父亲觉得满意了再喝。喝酒时，按照习惯要把女方"纠"（家）所有的人请来参加，同时商定一个举行婚礼的地点，并由女方父亲定下婚期。

　　订婚后，男方要赠送驯鹿、灰鼠皮、酒及日用品作为彩礼，彩礼具体数量根据女方要求和男方家庭条件而定。

结婚时，男方的家不管离女方多远，都一定要迁徙到靠近女方的地方。这种搬迁活动，使鹿鄂温克人称其为"阿达玛呢"（靠近之意，也要举行迁徙仪式）。结婚那天，新郎及其父母都要到女方家去。同时，还邀请氏族里德高望重的老人和男方全体成员组成迎亲的队伍。走在队伍前面的是一位拿着耶稣像（受东正教影响）的老人，其后是新郎，再后是男方的父母和迎亲的成员，最后是牵着驯鹿的人。

女方也以同样的队伍来迎接。新郎和新娘相遇后，先和耶稣像接吻，然后两人拥抱接吻，并互相赠送礼物。女方赠给男方一个叫"阿勒玛勒"的桦树皮盒，呈长方形或圆形，上面镌刻驯鹿头像，涂有各种颜色，象征着吉祥幸福。男方要送一块手帕或一副手套作为回赠。接着新娘从男方带来的驯鹿中挑两头最好的，两人各牵一头驯鹿顺时针绕女方的"撮罗子"走三圈。最后大家都进"撮罗子"喝喜酒，直到夜晚酒宴结束才举行婚礼。

举行婚礼时，在河滩谷地燃起一堆称之为"欢乐之火"

的篝火。人们把新郎新娘从"撮罗子"里簇拥到篝火边，并以火为中心围成一个半圆，由主持婚礼的老者宣布婚礼开始。婚礼主持人用桦树皮杯斟满两杯酒，交由新郎新娘泼在火里，表示对火神的尊敬。老人们为新婚夫妇祝福："为了祝新婚夫妇永远幸福，新郎新娘要记住：劳动要流汗，对鳏、寡、孤、独要扶持，对失去劳动能力的要关怀，生活中要和人们团结一心。"这是对使鹿鄂温克人的家风家训的深刻总结和高度概括。"热爱劳动，扶助孤寡，团结互助"，这是使鹿鄂温克人的行为准绳。

接着再次斟酒，新郎新娘向双方父母敬酒，然后新郎新娘互相拥抱接吻，手挽手和所有参加婚礼的人围成一个圆圈载歌载舞。大家都高兴地跳起篝火舞，直到尽兴而归。新郎留在女方家度过初夜。

第二天早晨，新郎先回到自己的家迎接新娘。女方的亲友由长者在前引路开道，带着新娘的驯鹿群及嫁妆。送亲的人们个个喜气洋洋，有说有笑。男方的亲友在"撮罗子"前恭迎新娘及送亲的队伍，双方见面后，互相握手道喜。喜宴便在林间空地拉开了序幕。一位青年在女方带来的驯

图 32 鄂温克婚礼

鹿群中选两头驯鹿，仍按顺时针方向围"撮罗子"走三圈，寓意这些驯鹿成为小家庭的财产，往后狩猎丰收、驯鹿兴旺，日子红红火火。

参加喜宴的人们喝酒唱歌，叙家常，讲故事，兴高采烈地跳舞，直到深夜。至此，新娘正式嫁给了新郎。

求"乌麦"（灵魂）仪式

　　"乌麦"是保护婴儿生命安全的神灵。偶像是用白桦树或落叶松制成的小雀，代表婴儿的灵魂。

　　用木头制成的小雀是"乌麦"的形象，给它穿上牛皮衣服，就成为小孩的灵魂和保护神。平时把"乌麦"和"玛鲁神"放在一起，或缝在小孩背上，或放在房顶(定居后)上。

　　在萨满教出现后，使鹿鄂温克人认为小孩得重病时灵魂离开了身体，到了另一个世界，只有萨满才能把小孩的"乌麦"（灵魂）请回来。

　　请萨满求"乌麦"的人必须事先准备两头驯鹿，黑、白各一头。萨满在求"乌麦"时，必须在夜间跳神。跳神开始时杀一头黑色驯鹿，这是因为萨满去另一个世界请回"乌麦"必须骑黑色的驯鹿。

　　萨满跳一阵后，把火全部熄灭，然后在"撮罗子"里来回跑，说是在抓"乌麦"呢！他一边跑一边模仿抓捕动作，把抓住的东西放在鼓面上。这样跑一阵才允许点上火，让大家看鼓面有无小孩头发，有小孩头发就意味着小孩的"乌麦"已经请回来了。生病的如果是小男孩，其父亲要赶快上前去把头发抢到手，用一块洁净的布包起来放在腋窝下，并要系好腰带。生病的如果是小女孩，其母亲要赶快上前去把头发抢过来，用一块洁净的布包起来垫在屁股下面。他们认为这样"乌麦"就再也飞不走了，得病的孩子就会好起来。第二天还要杀一头白色驯鹿来供"玛鲁神"。

占卜仪式

"占卜术"是使鹿鄂温克人用来对未知事件进行预测的法术。

有时，鄂温克猎民出猎前要进行占卜。他们手拿鱼的下颚骨向上一扔，嘴里同时念叨着："新昆都。"如果鱼牙向上，就是有福气，能打到野兽。这时猎民就说："都普斯。"连续扔3次，如鱼牙向下，则视为不吉，打不到野兽。

有时行猎中也要进行占卜。如遇到别人放在树上的野兽颚骨掉在地下时，要拿起来向上扔，同时随便叫出一种野兽名字，如鹿、犴、狍子等。如果落在地上的颚骨兽牙向上，就认为能够打到鹿；反之，则认为打不到鹿，就去找别的野兽。

"趟卡拉"是使鹿鄂温克人用狗的情绪和神态来占卜的一种方法。使鹿鄂温克人把猎狗视为自己的亲密伙伴，他们认为狗是有灵气的。当家人远行日久未归，家里人会将狗朝家人远行的方向放开，并将外出的人用过的衣物或其他物品让狗嗅一嗅，看狗如何表现。如果狗的情绪稳定说明外出的人平安，很快会回来；如果狗的情绪狂躁，神态异常，说明外出的人遇到了麻烦。

狗真的如此有灵性么？一天，我们在一起谈起"趟卡拉"，在座的汪女士（汉族）向我们讲述了一个发生在她家的真实故事。她家住平房，有院落，养了一只狐犬，叫"小日子"。"小日子"忠于职守，如果有陌生人来了就会"汪汪"直叫，甚至狂吠，给家人报信。一天，准女婿第一次上门，"小日子"在大门口围着新姑爷转，尾随其后进了家门，一声也没叫唤。以后姑爷每次来它都不叫，小夫妻婚后很幸福。儿子谈对象时，他女朋友每次来，"小日子"都使劲儿叫唤，他们婚后没两年就离婚了。看来，狗还真是很特殊的动物，难怪人们如此喜欢它。

萨满祈福仪式

使鹿鄂温克人主要的原始信仰是萨满。萨满是游猎、游牧民族的一种普遍的民间信仰，是在万物有灵、自然崇拜、图腾崇拜、鬼魂崇拜和祖先崇拜的基础上发展起来的。

"萨满"一词，在鄂温克语中是"智者""什么都知道"的意思。每个氏族都有自己的萨满，一个氏族也会有几个萨满。萨满被视为祖先神灵的代表，作为人、神之间的使者，在人们心目中享有很高的威望。所以，使鹿鄂温克人有什么大事小情解释不了，又不知道怎么做时，都要请萨满来帮忙。

萨满是世袭的。老萨满去世后，由其弟弟、妹妹或亲生儿女来继承。若家中没有合适的人选，则由萨满的神灵在氏族内选择继承人，男女都可以。萨满去世后的第三年再选出第二代萨满。

萨满必须学会一整套"法术"，往往要拜外族的萨满为师，为期三年，每年夏季举行三天的领神仪式。

新萨满的训练仪式很隆重，本氏族的人都要参加，其他氏族的人也有来参加的。老萨满在训练新萨满时，第一年最为隆重：以鹿或犴祭奠萨满主神——"舍卧刻"。在"撮罗子"火位的北边立两棵树，右边立落叶松，左边立白桦树，两棵大树前面再立两棵同样的小树。在两棵大树之间拉一条皮绳，绳上挂着供祭萨满神灵的鹿舌、喉、心、肺等内脏及骨骼，禁止把供祭的骨骼折断乱扔。把献祭的鹿或犴的血涂在小神树上。在"撮罗子"的外面，西侧挂木制的月亮模型，东侧挂木制的太阳模型。每侧还要各挂一个用木头做的大雁和布谷鸟的模型。一切准备好后，老萨满和新萨满至少跳神三次，以教新萨满领神。

新萨满要训练三年才能出徒，主要是学习萨满的各种教义，学习不同神灵的祈祷唱词、各项跳神的方法和规范及祭奠神灵的各种仪式。新萨满在学习教规、教义的同时，还要请族人中的能工巧匠制作萨满服和法具，主要有神帽、神服、神鼓，要在三年内逐步完成。

到了第四年，新萨满的萨满服和法具已齐备，最后再举行一次隆重的领神仪式，新萨满才能正式成为萨满。从此，新萨满才可以独立地进行宗教活动。

萨满的职能主要是祭天、跳神治病、为幼儿招魂、祈求狩猎运气、寻找丢失的驯鹿、为死者送魂、除污、祭奠神灵、占卜吉凶祸福等。每项仪式因内容不同，形式也不一样，祈祷词各异。一个有能力的萨满必须全面掌握各项本领。

传说使鹿鄂温克人的第一个萨满是女人，名叫奥兰（春暖花开之意），下一代才出现了男萨满马琳。萨满代代相袭。妞拉是敖鲁古雅的最后一位萨满，1997 年 7月 12 日在敖鲁古雅病逝。一般来说，老萨满死后的第三年会产生下一代萨满，可是，妞拉死后再没有产生过新萨满。

妞拉萨满留下的一段祭天祈祷词是这样的：

> 尊敬的恩都力保克（天神），
>
> 尊敬的恩都力希温（日神），
>
> 尊敬的恩都力比亚喀（月神），
>
> 尊敬的恩都力阿尔博儿（风神），

尊敬的恩都力雅玛那（雪神），

各位神灵快快降临吧！

我们准备了一只白色的驯鹿，

还准备了一只黑色的驯鹿，

一起用它们的血祭祀神灵，

请天神和诸位神灵享用。

你们是最有能耐的神灵，

你们是最有法力的神灵！

请你们保佑狩猎的鄂温克人，

狩猎安全，多打猎物。

请你们保佑狩猎的鄂温克人，

人丁兴旺，驯鹿众多！

　　萨满还要定期举行祭奠自己的神灵的仪式。初当萨满者头戴三叉鹿角神帽，每举行一次祭神仪式，鹿角就增加一叉。神帽上的鹿角是萨满力量之所在，鹿角的枝杈越多，说明萨满的能量越大，本事也越大。最高资历的萨满头戴九叉鹿角神帽。妞拉举行过三次祭神仪式，所以她头戴六叉鹿角神帽。安道的爸爸叫衣那尖吉·古，是头戴九叉鹿角神帽的萨满。人们请萨满跳神时不用给任何报酬，仅需一条毛巾和一条彩绸。毛巾用来擦汗，彩绸挂在萨满神帽鹿角叉上。彩绸挂得越多说明受请跳神的次数越多，在部众中威信越高。

举行祭奠神灵仪式，主要是为了萨满晋升，使鹿鄂温克人称其为"奥米南"（神灵饮血之意）。场地在"撮罗子"附近。选择落叶松和白桦树各一棵做神树，称为"托若"（树立神树之意），从"撮罗子"内拉起一根细皮条，绕几圈后拴在"托若"上，在皮条上挂上用鹿或犴的肺切成的细丝进行供祭。这根皮条被称为"斯提木"。祭品是鹿或犴的头，煮在锅里，炊烟和蒸气上升，称为"苏布杰冷"，意为祭神。在"托若"前将供祭的鹿或犴的皮张毛朝上铺在地上，在其上分左右两行各摆9个桦皮碗，用皮条连成一串，象征所供的九男九女神灵。桦皮碗中盛有鹿血或犴血，供九男九女神灵饮食享用。18个碗中所供祭的血称为"奥米南"。仪式结束，萨满也就晋级了。

妞拉的女儿芭拉杰依说："（妞拉的新萨满服）1986年就做完了。原来的萨满服是1917年做的，帽子的鹿角是3叉，中年以后是6叉，升不升级，不是自己说了算。"

妞拉曾讲过萨满服制作的过程和萨满服的遭遇：

由于父亲的大力支持和精心培养，我18岁正式当上了萨满。

为了我那件全套的萨满服装，老人家耗尽了全部心血，从刺绣皮衣的花边、花纹到刻制铁器上的飞禽走兽、鱼儿和人体的骨骼。

我家祖传萨满信仰，父亲也是萨满。父亲为了让我成为至高无上的萨满，几次去国外邀请较高级别的萨满铁匠来制作萨满服。当初父亲的声誉较好，交往也广些。在父亲三番五次恳求下，终于打动了两位萨满铁匠，他们跟随我父来到我家。他们都是国外的遥考族，一个叫杰里克夫，一个叫阿波伦。还有咱们本族二位铁匠，一个叫雅卡沙，一个叫木秋戈雅。他们四个合作刻制，根据自古以来的风俗习惯，按照人体骨骼结构，分批开始制作。第一年制作骨架和头部。第二年制作四肢和胸部骨架及其他骨骼。人体全部骨骼完成后，第三年制作太阳、月亮、星星。第四年和第五年开始刻制各种飞禽走兽、鱼儿、蛇等等。

为了我和我的高等萨满服装，父亲把一切精力、资金

图33 萨满祈福、占卜仪式

花尽了。五年间，每当我生病时父亲总是杀一只驯鹿替我死去。服装全部完成后，我开始了萨满生涯。

1967年6月份，我和老伴商量，决定把我的萨满服存放到山里去，存放地点选择在老乔河山的依恩。按照萨满的风俗习惯，为了表示我们对萨满服的忠诚意志，为安慰诸神，当时便把驮运萨满服的两只驯鹿杀了祭奠，意思是让它们永远驮下去。

此后，这套萨满服辗转流落到黑龙江省博物馆。后来在敖乡拍《傲蕾·一兰》电影时，我认出了我的神鼓，慢慢打听，才知道是从哈尔滨借的。

经多方努力，这件萨满服最终被找回，现藏于敖鲁古雅使鹿鄂温克博物馆。20世纪80年代，在芭拉杰依主持下，又做了一套萨满服。

丧葬仪式

使鹿鄂温克人在接触东正教之前，没有固定的墓地，死在何处就葬在何处。选择几棵高大的树木，架上木杆，将死者的头朝西，脚蹬十字架。

后受东正教影响，鄂温克人开始实行土葬。受游猎生活的限制，使鹿鄂温克人没有固定的氏族墓地。

1965年定居后，鄂温克人有了墓地。墓地按氏族分为4处，非正常死亡者另辟1处。

入殓时，死者生前所用的猎刀、猎枪留给亲人，口烟盒、水壶、杯子等物打碎陪葬，也有放耶稣像和4块点心的，其他衣物等一律烧掉。

为死者送魂，鄂温克语称"呼如木"。一般情况下，对正常死亡的人，使鹿鄂温克人不请萨满举行送魂仪式，他们认为死者的灵魂自然会走向另一个世界。亲友早逝或心爱的人去世时，则要请萨满举行送魂仪式。灵柩起运之前，搭一个四柱棚子，杀黑色驯鹿一两头，驯鹿头向日落的方向，以示驯鹿驮着死者走向幸福的世界。然后萨满开始祷告：愿亡灵上天堂，一路走好！不要惦记家人，保佑"乌力楞"幸福安康。

墓地一般选在小山头，不论远近，送葬的人途中必须休息三次。到墓地后，先清理墓穴，之后才能下葬、添坟。坟前立一个十字架（也有不立十字架的，立汉族式的墓碑），十字架上写着死者姓名、年龄。十字架的样式因死者的年龄、性别不同而有所不同。在坟旁笼火，烧掉死者生前的衣物等用品。参加送葬的人在萨满或德高望重的老年人的带领下，手执酒瓶，怀着悲痛的心情绕墓地三周敬酒，然后告别墓地。

出殡后两三天，还要请萨满跳神，帮助送葬的人们除污，鄂温克语称"伊勒格特"。首先祭死者的亡灵，要杀一只白色的驯鹿祭奠或以野鸭代替。萨满跳神除污时，把制作棺材的木屑、锯末集中起来统统烧掉。最后，萨满鼓面如无木屑、锯末，则认为污已除尽。如果鼓面沾有木屑、锯末，则由萨满烧掉。如此反复是为了人能远离病灾，打到猎物。

驯鹿与使鹿鄂温克人

　　驯鹿在使鹿鄂温克人的游猎中不可或缺。正像老猎人所说的那样："我们在山中打猎，一靠猎枪，二靠驯鹿，缺一不可。"别人骑马打猎 20 天才打了 20 多只灰鼠，使鹿鄂温克人牵着驯鹿一天就能打 20 多只灰鼠。使鹿鄂温克人因为有驯鹿，可以进入马匹不能进入的林中。所以使鹿鄂温克人把驯鹿当作"自己的家人"一样爱护有加。使用驯鹿游猎也是古老的传统，一直没有改变，直到使鹿鄂温克人放下猎枪专门从事驯鹿养殖。

　　驯鹿性情温顺，不大怕人，更不踢人、不咬人。驯鹿浑身是宝，一般是不宰杀的。使鹿鄂温克人称野生驯鹿为"索格召"。传说很久以前，8 位猎人在山中打猎，捉住了 6 只"索格召"，带回家后将其关在栅栏内，用苔藓喂养。后来"索格召"不断繁殖，渐渐成为家畜，被称为"奥仁"。使鹿鄂温克人一代代地饲养驯鹿，千百年来，驯鹿

图 34 母鹿亲昵地教刚出生的小鹿站立

成为林海之舟，既可乘骑，又可驮运。使鹿鄂温克人以森林民族的智慧和勇敢，在与兄弟民族的广泛接触、频繁交往中，创造和发展了我国唯一的驯鹿文化。

驯鹿文化融入日常生活的方方面面。使鹿鄂温克人用驯鹿喻人，什么样的人，就用什么样的驯鹿来称呼，人、鹿密不可分。他们的语言中有关驯鹿的称谓就有上百种，并由此形成了具有驯鹿文化特征的语言。如：野生驯鹿叫"索格召"；家养驯鹿叫"奥仁"或"奥然"；雌、雄鹿各自有自己的称呼；不同颜色、不同大小的驯鹿，有不同的称呼……可见驯鹿文化的博大精深。使鹿鄂温克人还会为每只驯鹿起个好听、恰如其分的名字，比如"牛仔裤""月亮""葡萄糖""武则天"等。这些名字，有的是根据驯鹿的特点起的，如爱顶人的驯鹿叫"武则天"；有的是根据驯鹿的长相起的，如有的驯鹿身上有白色皮毛，远看像白月亮似的，人们就给它起个好听的名字叫"月亮"。这些名字都倾注了使鹿鄂温克人对驯鹿的心血和感情。

使鹿鄂温克人常用驯鹿及与驯鹿有关的事物比喻人，他们把身材魁梧的人叫"布克查"（身躯最大的驯鹿），把不讲原则的人叫"果洛"（无法驯服的驯鹿），把窝囊没能力的人叫"毛秃利嘎"（头上的角掉没了的驯鹿），把胃口大的人叫"虎力莫武"（用整头驯鹿皮做的大口袋），把总给人添麻烦的人叫"难罢"（驯鹿驮的重行李），把舍己为人的人叫"特尼"（用驯鹿皮做的又暖又软的坐垫），等等。鹿就是人，人也是驯鹿，驯鹿和人就是一家。使鹿鄂温克人至今保留着人和动物还没彻底分离的古老传统观念，认为人和动物都是自然界的一分子。

古代鄂温克妇女早晨见面，问候语不是"早安""您好"之类，而是"你的驯鹿回来了吗？""驯鹿吃饱了吗？"……一句简单的问候语，体现了驯鹿在使鹿鄂温克人心中的地位。猎人见面常用语是"得多少？""到哪去？""打到什么了？""看见什么了？"……

过去，使鹿鄂温克人从来不杀驯鹿，也不吃驯鹿肉。正像玛利亚索说的那样："自己养的驯鹿怎么能吃呢？"2007年8月12日，毛谢的驯鹿被偷猎者套住，一个蹄子已经断掉，露出骨头的地方已生蛆，只能就地处理掉。毛谢看到被套住的驯鹿伤心地哭了，自然下不了手，只有请别人帮忙处理。中午煮熟了一大锅鹿肉，毛谢坐在一边说："我的鹿我不吃，汤都不喝。"说着又流眼泪了。使鹿鄂温克人爱护驯鹿，就像爱护自己的生命一样。

口口相传的鄂温克故事和民歌

　　游猎时代，使鹿鄂温克人追随野兽三天两头地搬家，每次搬家都让老人和小孩骑着驯鹿在森林里行走，幼儿放在摇篮中，驮在驯鹿背上。对没有儿女照顾的老人，猎获物都像一家人一样平均分配，甚至比别人分得更多一些。实行轮流分配的皮张，总是别人分到后才轮到猎获者。

　　收养孤儿在使鹿鄂温克人眼中是一件天经地义的事，延续了千百年，一直到现在。乡长何林自己没有孩子，但他们家的孩子在乡里是最多的，有七八个。这些孩子都是乡里的孤儿。他非常爱这些孩子，像照顾自己的儿女一样照顾他们，不知道的人根本看不出这些孩子不是他亲生的。老有所养，幼有所抚，少有所教，成了使鹿鄂温克人的风尚。

　　"鄂温克人不撒谎"，这是使鹿鄂温克人柳霞说的至理名言。不撒谎，是诚信，是使鹿鄂温克人的美德。"夜不闭户，路不拾遗"是使鹿鄂温克人自古以来的习惯。他们的"撮罗子"从来没有门锁，没有门闩，家家户户从来没有丢过东西。放置物品的仓库建在树上，是为了防止野兽的破坏，它也是接济使鹿鄂温克人的驿站。按照他们的习惯和传统，任何人需要粮食和肉干时，都可以自己去拿，事前事后都不需要告知主人，主人发现后也从不追查。使鹿鄂温克人说："我找他干啥？他自己会来找我的，这是我们的'敖教尔'。"

在使鹿鄂温克人中流传着很多教诲子女的民歌。这类民歌可以说是敖鲁古雅社会行为规范的"乐教"。其中有一首歌是这样唱的："老人们走过艰难的路，这条路也是儿女的路；不要退缩和害怕，沿着它走下去啊，一定快乐安康，伴随着我美好的祝福。"

使鹿鄂温克人的孩子是在驯鹿背上长大的。孩子躺在摇篮中，摇篮驮在驯鹿背上，额尼（妈妈）唱起摇篮曲，对孩子进行"乐教"。到孩子五六岁时，搬家时就让他们骑在驯鹿背上。"坡力刊"（跷跷板）、荡秋千、炊嘎拉哈等具有民族特色的传统游戏都是孩子们喜欢的。孩子们更喜爱和猎犬一起玩耍，领着猎犬在森林里追逐赛跑，学着大人指挥猎犬叼东西、圈驯鹿……孩子们从小就与猎犬建立了亲密关系，长大后猎犬就成为他们的好伙伴。

大人们用柳条削成小木棍，用桦木做成小弓箭，有意识地让孩子学习搭"撮罗子"，做各种狩猎的游戏，模拟和表演一些打野兽的动作。孩子跟着大人喂驯鹿、给驯鹿熏蚊子、学挤奶……从小就学习游猎及生存的本领。

从孩子记事起，老年人就给孩子讲故事，如"民族的起源""狐狸的故事""熊的故事"等，使这些神话传说一代又一代地流传下来。到十几岁时，孩子们就跟着大人外出打猎了。老人教育年轻人的方式是现身说法。他们将自己的亲身经验传授给年轻人，什么季节打什么，什么时间打什么，怎么打，以丰富年轻人的打猎知识。行猎长不仅教给孩子打野兽的技术，而且也培养孩子作为一个猎人应该具备的道德品质。青年人在不断的狩猎实践中成长起来。使鹿鄂温克人的经验、知识就这样世代相传。

使鹿鄂温克人的氏族社会没有强制，对于犯了错误的成员，总是用说服和批评的方法引导他们，整个社会秩序都由"敖教尔"的传统习惯来调节。这使得使鹿鄂温克人

图 35 勤劳的鄂温克姑娘

团结、坚强，热爱民族历史，热爱家乡，热爱祖国，关心
国家命运。在日本侵略者统治期间，使鹿鄂温克人过着暗
无天日的生活，遭受了极其深重的苦难。他们利用各种形
式进行斗争。使鹿鄂温克人是打猎的，哪里有豺狼，哪里
就有枪声。1944 年，使鹿鄂温克人曾打死 1 个日本兵。
1945 年，使鹿鄂温克人又将逃往阿雅苏克河畔的 30 多
个日本兵全部消灭在山林中。使鹿鄂温克人在古老、传统
的"敖教尔"中，填写了辉煌的一章。

使鹿鄂温克人的"敖教尔"充满了生存智慧，需要我们到他们的生活中去阅读、去了解。

中华人民共和国成立后，使鹿鄂温克人直接进入社会主义社会。1965年定居在敖鲁古雅后，他们仍保持着古老、传统的生产生活方式，淳朴的民风、优良的民俗形成了神秘的"使鹿文化"。 2003年使鹿鄂温克人整体移民到根河市郊，放下猎枪，继续饲养驯鹿，传承着古老的"敖教尔"，开发"使鹿部"特色旅游，过上了现代生活。

图 36 不冻河边喝水的驯鹿

第五章

敖鲁古雅手工绝活

　　使鹿鄂温克人丰富的非物质文化遗产，为我们呈现了
一个古朴、神秘、特别的敖鲁古雅。独特的住所、精湛的

图 37 林中的"撮罗子"和驯鹿

桦树皮技艺和熟皮子工艺、狩猎中的唤鹿哨等等，带你体验和领略使鹿鄂温克人的物质文化与精神文化。

搭"撮罗子"

使鹿鄂温克人把家叫"纠"，把居住的房屋称为"西格勒柱"。"西格勒"是小木杆，"柱"是房屋，意为用小杆搭的房子。它圆形尖顶，如伞形窝棚，俗称"撮罗子"，是森林中真正意义上的金字塔。

"撮罗子"主要由两部分组成，一部分是架子，一部分是毡子。

"撮罗子"一般建在地势较高、阳光好、靠近水源的地方。一个"乌力楞"不管有几个"撮罗子"，都必须一字排开，这是使鹿鄂温克人的习惯。"撮罗子"架子的大小，决定"撮罗子"的大小。搭建大"撮罗子"用松木杆25—30根，能住七八个人；小"撮罗子"用20根左右，能住四五个人。

搭"撮罗子"所用的毡子有三类：兽皮毡子、桦皮毡子、帆布毡子，总称"额勒帕"。预备两根毡布挑杆，称"乌奴温"；七八根毡子压杆，叫"希如嫩"。

　　"撮罗子"如何搭建呢？

　　第一步，选用三根杆头带叉的主杆相互咬合，成为鼎立的三脚架，根部插入地下。三根主杆中，正后方的杆子称"玛鲁杆"，两侧的杆子称"索纳杆"。在与"玛鲁"主杆相对的正后方，先搭两根较粗的杆子做门框，称"额帕克屯"，门要朝向有阳光的方向。

　　第二步，把一根根不带叉的小木杆摆放在立起来的木杆之间，根部也要插入地下。搭成的架子称"柱克恰"。

　　第三步，架子搭成后，在架内中间进门处立一根柱子，其顶部比其他斜放着的木杆高出一截，此柱称"奇莫克"。从此柱向正后方"玛鲁"主杆横拴一根长杆，称"伊贺布图"，用来吊挂炊具。立柱后的横杆下面就是火位，称"托"。"撮罗子"内没有炉灶，就地用木桦子点火照明、烧水、煮肉、做饭、取暖。

　　冬季，为了保暖，"撮罗子"的毡布下半部分用厚实的牛皮缝制成围子，称"乌讷合"。上半部用帆布或其他材质做围子，称"乌讷温"。

夏季，"撮罗子"的毡子全部用桦树皮做围子，布匹传入后，下半部也有用布做围子的，称"巴拉日克"。

猎民在"撮罗子"正后方选择一棵小树，把盛装"玛鲁神"的桦皮盒挂在树上。"撮罗子"外面有木栅栏、石头炉子，有搁物架，前侧方有晒肉架，不远处或有驯鹿圈，这是一户人家的基本配置。

"撮罗子"里的座位极有讲究，入口的正面为"玛鲁"神位，中间为火位，入口处左右两侧称"巧南"，"玛鲁"神位两侧为"敖安"，"敖安"与"巧南"之间称"别"，男性长辈住"玛鲁"神位，儿子或女儿住"敖安"位，女主人住"别"位，女性客人也可以在"别"位就座。"巧南"是放杂物的地方。除男性、主妇和未成年的孩子可到"玛鲁"神位的附近外，成年女性不得超过火位。搬家的时候把"撮罗子"围子收拾好带走，"撮罗子"整体架杆不动，到新的营地重新制作"撮罗子"架杆。

"撮罗子"外放物品的架子，鄂温克语称为"乌莫温"。"乌莫温"的搭建取决于女主人住的位置，住在左边的"别"位就搭建在左侧，住在右边的"别"位则搭建在右侧。烤

图 38 森林中的"乌力楞":"撮罗子""靠老宝"和鹿群

制"格列巴"和打制猎刀、熏制皮子都有各自单独的"撮罗子",大小不一样,并且都有单独的名字。

"撮罗子"伴随使鹿鄂温克人历经沧桑,渐渐积淀成为独特的"撮罗子文化"。

建"靠老宝"

"靠老宝"，鄂温克语，是"树上仓库"的意思，是使鹿鄂温克人在长期狩猎、迁徙过程中搭建在树上的库房，也是几户人家共同存放暂时不用的物品的仓库。

"靠老宝"建在使鹿鄂温克人游猎途中存取物品方便的地方。建"靠老宝"时，首先选择呈矩形排列的四棵树，然后在离地面三四米高处截断树冠，架上横梁。用原木垛成长方形仓库，顶部覆盖桦树皮。仓库的底部留出入口供人进出。最后，做一根独木梯子，立在进出口处，以备人上下仓库时使用。

仓库从不设锁，因为它属于公用设施。其他猎民出猎时若断粮，可就近从仓库拿取，没有人认为这是不道德的，恰恰相反，这是断粮人的权利。提供"靠老宝"方便他人，也是主人的义务。这是使鹿鄂温克人一直保持到现在的"共享"理念的行为体现。

造桦树皮船

制作桦树皮船需要的工具：一把斧子、一把砍刀、一把猎刀。

制作工序还是很烦琐的，说起来简单，做起来可不容易。

先是处理桦树皮，把扒好的桦树皮埋在土里或泡在水里，使其柔软湿润，不折，不裂，不透水，方便使用。

然后准备船骨架。船骨是由几棵约 15 厘米粗的樟子松做成的。樟子松质软、条纹直，容易削制，同时还有韧性，围弯时不易折断。整体骨架由船帮板、肋条、横撑、薄板条四个部分组成。最费功夫的是劈薄板条，两天才能劈 100 多条。

接下来就是组装船体：按船的大小，在地上铺好船外帮，把三四张桦树皮连接起来，平放在船外帮上，与外舷对齐，两头收窄。上面铺一层薄板条，板条上面横放四五十根肋条杆，再在上面压上船内帮，船帮把桦树皮和肋条杆夹住。用猎刀或枪刺把船帮与肋条杆两头锥透，用松木扦子钉牢，再用松树细根条把船帮扎紧，形成中间宽、两头窄的平面体。

　　然后把这个长平面体搣成半圆筒的形状。先从船的中段船帮开始搣，用皮绳把船体中段勒成圆弧状，将横骨两端插进船帮空眼里，再用木扦子卡住两头，用脚把船底踩平，不留弧形。船底若有弧形，船漂在水中不稳，左右摇晃容易翻船。船的中段搣成后，再搣船头、船尾。因船的头尾都向上翘，越往上越窄，桦树皮也越容易搣折开裂，只能用手小心翼翼地扳搣，用皮绳勒紧，把横骨插进卡住，整条船就成形了。

　　最后是缝合粘连。桦皮船是用三四张桦树皮连接而成，中间接头用松树根条缝合。把桦皮船侧立，两人配合，一人用刀尖或枪刺把桦树皮接头处锥透，把松树根条穿过，另一人拉紧，再锥下一个孔眼。如此反复操作，直到把接头缝合完毕。

　　接头和锥眼处的缝隙需要粘连，否则船会漏水。把熬好的松树油在掌心握软后，搓成条，粘在桦皮接头的缝隙上。再点燃筷子般粗、长1—2尺的小木棍烫松树油，把它烫化，而且要边烫边吹。这样，松树油就被吹进缝隙里去了，接头处就粘贴严密了。孔眼处也需如此操作。一条桦树皮船，两三个人用五六天的时间才能完成。

桦树皮船做好后还要多次试水，检查漏水的地方，再次进行黏结，直到滴水不漏为止。再配一根3米长、两头有桨扇的划桨和两根1米多长的柱棍，就可以乘桦皮船起航了。

桦树皮生活用品

　　桦树皮抗腐烂，隔潮湿，结实耐用，不怕碰撞，携带方便，既有实用价值，又有工艺价值。

　　桦树皮制品广泛应用于使鹿鄂温克人的日常生产生活中，是其民俗文化的重要组成部分，体现了森林狩猎民族的文化特色。

　　桦树皮工艺品种类繁多，纹饰多样，工艺复杂，制作方法独特。纵观使鹿鄂温克人琳琅满目、形状各异的桦树皮工艺品，这些纹样不单纯是为了美观和装饰，更重要的是记录了人们对大自然的认知和崇拜，体现了使鹿鄂温克人独特的图案艺术。

　　驯鹿和使鹿鄂温克人相依相伴，在他们心目中占有重要位置，自然也体现在桦树皮工艺品上。

　　使鹿鄂温克人无论男女老少都具有制作桦树皮工艺品的技能，制作桦树皮生活用品是他们日常生活的一部分，是全民性的。

随着生活水平的不断提高，使鹿鄂温克人和外界的交往越来越频繁，制作桦树皮用品的古老传统逐渐从以实用性为主转向以装饰性、观赏性、收藏性为主。2009 年初，在"中国非物质文化遗产传统技艺大展"活动中，桦树皮制作技艺代表性传承人于黎的桦树皮雕花摇篮、鹿纹小挎包、咬合纹桦树皮盒、桦树皮烫画等 7 件作品，因其欣赏性、艺术性和精巧性的完美结合得到了专家的高度认可，被国家非物质文化遗产保护中心和国家博物馆收藏。在敖鲁古雅桦树皮博物馆里，我们可以看到琳琅满目的桦树皮制品。

21 世纪之后，使鹿鄂温克人的桦树皮制作技艺被列入国家级非物质文化遗产名录，敖鲁古雅鄂温克族乡也荣获"桦树皮文化之乡"的美誉。

熬松树油

松树油是制作桦树皮船的黏合剂，日常用途也很多。

中华人民共和国成立后，国家开发大兴安岭，林业工人在落叶松上砍林班线，被砍伤的松树都溢满松油，一人两天就能刮够粘一只桦皮船的用量。

松树油的熬制方法是使鹿鄂温克人智慧的体现。在没有铁制容器的情况下，用一张桦树皮折成方形盘子，把刮来的松树油倒进盘内。再到河边捡一兜河卵石，分成几份轮番放在篝火里烧红。一份用木棍夹出来投入到桦皮盘里，再烧第二份。盘中的松树油在河卵石的炙烤下，一会儿就滋滋作响了，而且还冒出白烟，很快化成液体。待河卵石在盘中渐渐冷却后，将其取出，再投入烧红的河卵石把松油熬开。松油熬到用木棍挑起能拉出丝来时，需要添加桦树皮灰，否则松油凝固后容易断。于是，边加桦树皮灰边熬边搅拌，不时还要更换烧红的河卵石。待到盘里的松油呈黏稠状时，用木棍挑出一点，稍凉后用手捏一捏，用牙嚼一嚼，若既不粘手也不粘牙，这才是熬好了。这样的松树油晾干后被称为"谢啦"，是能代替口香糖的哦！

鹿茸炮制

　　根据茸顶的形状，鹿茸可分为掌形茸、铲形茸、扁圆形茸三种。

　　锯茸的最佳时期，从 3 月鹿长出茸角开始，大约持续 70—90 天。

　　鹿茸的加工有带血加工和排血加工两种方法。所谓带血加工，就是锯下茸后不做任何处理，直接加工。排血加工，就是用开水烫煮、晾晒，反复 2—3 次。后来猎业队也采用烘干炉烘干的办法。现在还创新了新式烘干法——远红外线烘干炉烘干。

　　历史上，使鹿鄂温克人猎取鹿茸后，如果离"乌力楞"较远，那便就地加工；若离"乌力楞"近，便迅速拿回去加工。

　　加工鹿茸时，先挖约宽 60 厘米、深 80 厘米、长 3 米的壕沟。然后在沟里点燃木桦子，把沟壁烧烤灼热，待明火烧完只剩木炭后，在地面横着架上几根较细的木棍。再把绑好的鹿茸拴在木棍上，吊挂在壕沟里。在横木棍上竖着放上木杆，木杆上盖上树皮培土封闭，烘干茸角。值得注意的是，最好用柳条皮把茸角包上，以防烤焦。1961 年，国家开始收购驯鹿茸，猎民杰士克就是用这种方法加工的。

鹿胎炮制

　　鹿胎是从怀孕母鹿体内取出的全部子宫，包括成形的鹿、胎盘和羊水。这里的鹿胎一般指马鹿胎。

　　炮制鹿胎最好带着羊水，用铁锅熬制。其中还要加入鹿筋、鹿鞭、鹿尾（去皮毛），以及黄芪、手掌参等补药，上火熬煮至熟烂，用笊篱捞出。在汤里加上少许红糖，继续熬煮，煮到凉后不粘手并能切成一块块的"皮冻"为止。然后在阴凉通风处晾干，包装好，称作鹿胎膏，留作日后温水冲服。

　　鹿胎熬制成鹿胎膏需要三至四天时间，中途不能停火。

　　鹿胎的功能有：舒筋活血，通经活络；调经散寒，美容养颜；调节内分泌，延缓衰老。主治妇女经血不调、不孕不育，对腰膝酸软、气血两亏、手脚寒冷、行经腹痛、寒湿带下亦有疗效。

熟皮工艺

　　猎取野兽后，兽皮需要加工，才能像布一样柔软、耐磨、结实。加工兽皮的过程，就是熟皮劳动。

　　使鹿鄂温克人创造了四种熟皮工具："乌"（圆铲子）、"杵春"（齿铲子）、"扭力温"（铁制钝刃刮刀）、"克德热"（木揉齿子）。

　　大型动物兽皮加工大致分为三种：去毛加工、带毛加工和细毛皮加工。

去毛加工

　　猎取大型动物并剥皮后，先把外皮的毛刮掉，再抻开皮张，将其紧紧绑在两棵树中间晾晒。晒干后，用刮皮工具"乌"去掉皮张内层的皮膜和外层的毛囊膜，用烟熏上半天之后，将其在水中浸泡一天，取出后趁湿用"杵春"把水分刮掉。再把刮得松软的皮张挂在树荫下晾干，再用烟熏上半天，用齿铲子挠刮成半成品。

制成半成品后，将大型野兽的"依日格"（脑浆）涂在内外两层皮张上，然后把皮张卷成一团闷一天，目的是令脑浆渗入，使皮张蓬松。之后打开皮张，用"扭力温"刮揉，再烟熏 1—2 天，再刮揉，反复多次。最后用"克德热"揉搓，一直揉搓到用针能扎透为止。整个过程需十多天。

带毛加工

不需去毛，直接用"依日格"涂内皮面，卷成一团闷好，揉搓即可。

细毛皮加工

如水獭皮、猞猁皮、狐狸皮、灰鼠皮、紫貂皮、獾子皮等，都要剥成皮桶子，皮桶子毛既可朝里，也可朝外，里面放一些柔软物撑开晾。再在没有毛的皮面涂上"依日

图 39 山里熟皮子的猎民

格"直接刮揉，直到柔软可用。

古代使鹿鄂温克人用什么缝制兽皮衣服呢？把兽筋捻成线，用骨针缝制兽皮。

烤"格列巴"

　　鄂温克语"格列巴"是面包的意思。"格列巴"是使鹿鄂温克人出猎、迁徙、日常生活中的主要面食，用白面发酵，不兑碱，直接用铁锅在炉上烤制，松软而略酸。

　　烤"格列巴"的过程可分为三步：发面——揉面——烤制。

　　发面用桦树皮盆、搪瓷盆或不锈钢盆。先在盆中倒入清水，有条件的可加入鹿奶，没有鹿奶加入羊奶或牛奶也行。把面引子放入清水或奶里，用木铲子搅匀，放食盐适量（有时也可不放），再逐渐加入面粉搅拌，搅拌至浓稠之后，盖上面盆，包严，放在"撮罗子"里温

图 40 烤"格列巴"的使鹿鄂温克族妇女

度较高、不透风的地方。

　　发面，最关键的是掌握面发酵的程度，发大了，会酸；发小了，不起。所以需要经常观察。有经验的人，一定要等到面发到适宜的程度才开始烘烤。面发酵好后，若没有面板，就将一块白布铺在地上，上面均匀撒上干面粉，再开始揉面。揉到不粘手时，切一刀试试，若两块面不粘，就恰到好处了。再把揉好的面揪成大小相等的面团，成为面剂子。

"格列巴"需用石板炉来烘烤。猎民们每到一处就会找来许多块薄片状的石板垒成灶台。因为石板炉的高度太低，妇女们就只能坐在地上操作。打"格列巴"有专门的工具：和面的长柄木铲叫作"喀了古噶"，烤面团的平底小锅叫作"达了噶温"。烤制"格列巴"时，先拿犴油（厚犴油块是事先加热提炼而成的）在平底烤锅上抹一遍，防止粘锅。然后取分好的面剂子放在烤盘上摊平，用盘夹放到石板炉中的火上烤，待烤至鼓胀后再翻面烘烤。将烤好的"格列巴"切成块，蘸驯鹿奶或者自家熬的蓝莓果酱吃。鄂温克人喜欢把烤好的"格列巴"一个个放在一起，用布包起来备食。猎民一般每次要做出一个星期的"格列巴"，以备迁徙和狩猎时食用。"格列巴"比面包硬，样子像厚厚的锅盖，约有 2 厘米高，若出门狩猎两天，只带两个就足够了。

熬奶茶

使鹿鄂温克人喜欢喝奶茶，他们的奶茶中的奶不是牛奶，而是鹿奶。

中国很早就有喝鹿奶的记载，编录于元代的《二十四孝》里就有"鹿乳奉亲"的故事："周郯子，性至孝。父母年老，俱患双眼疾，思食鹿乳。郯子乃衣鹿皮入鹿群取乳供亲。"从这个故事可以看出，鹿奶对治疗眼疾有很好的作用。鹿奶中蛋白质和乳脂含量很高，且颗粒较小，易吸收，同时富含多种维生素，能加快新陈代谢，促进骨骼发育，增加细胞活力，美化肌肤。

使鹿鄂温克人熬的奶茶与蒙古族的奶茶略有不同：

首先，笼一堆篝火，支上三脚架。然后把水壶灌满水，挂在三脚架上烧。等水烧开后加入砖茶或红茶再熬。茶熬好后倒入盛有驯鹿奶的杯子，沏着喝即可，简单而美味。

口烟的制作

　　使鹿鄂温克人中有爱吸烟的，会遇到诸多不便。因为以前猎区没有烟卷。想抽旱烟，但没有卷烟纸；想抽烟袋锅，又不方便游猎。于是猎民发明了口烟，鄂温克语叫"伊米西纳"。它的好处是含在口中即可，不散发异味，既环保又防火。

　　口烟的制作很讲究：

　　第一步，在"撮罗子"外的地上铺上帆布，把黄烟搓成碎面，挑出烟梗。

　　第二步，掺入适量的木灰，再倒进少许酒或糖水拌匀。

　　第三步，把和好的烟装进塑料袋中（以后分装在桦皮烟盒里），保持潮湿。

　　口烟制成后，吸烟极为方便，可以一边走一边把烟末抹在下门齿与下嘴唇中间，闭口含着烟末。

　　此种吸烟方法，独特而无公害。

晒肉干

使鹿鄂温克人习惯于把吃不完的兽肉晒成肉干。

晒肉干分生晒和熟晒两种。

生晒是把鲜肉切成肉条，加少量的盐，挂在"乌木额温"（晒肉架）上晒干。也可以在两棵树中间拉一根皮绳，把鲜肉挂在绳子上晒。这是最简便的办法。

熟晒是把鲜肉切成小块，加盐煮熟后捞出，放在"海利克"（木帘）上或挂在晒肉架上晒干。

猎民出猎时带着熟肉干，可随时嚼食，既方便又抗饿。

图 41 晒肉干

饮用桦树汁

白桦树和黑桦树的树汁和树浆是天然的清凉饮料，有独特的药用价值。

每年4月，天气转暖，沉睡了一冬的树木开始复苏。这时节，遍布大小兴安岭的白桦树、黑桦树体内的汁液最为饱满，使鹿鄂温克人使用小斧头在树身上砍一个深深的小窝，向窝里斜插一根手指粗、1尺左右长的木棍，木棍下端挂一只桦皮桶，不久，一种乳白色的树汁就会顺着木棍流出，滴入桦皮桶中，这就是桦树汁。

采集完树汁之后，就可以采集树浆了。其方法是：用猎刀把白桦树或黑桦树的皮剥下一小块，再用猎刀紧贴树干轻轻地刮，就能刮下乳黄色的黏稠液体，这就是树浆，直接用嘴对着裂口即可喝到。桦树汁和桦树浆饮用起来十分清香甘甜，有清热的功效。

风　箱

用狍皮和木板自制的风箱，鄂温克语叫"库如格"。风箱前端有尖形吹风口，后端有把手。打铁时，同时用两个风箱，把两个吹风口插进烘炉中间的圆洞里，做好鼓风准备。

锻造铁器时需要两人。一人蹲坐在烘炉边，双手撑着两个风箱的木把，一手压，一手抬，使吹风口的风不间断地吹入烘炉，炭火更加旺盛。另一人则负责锻造。

鹿　哨

　　鹿哨是使鹿鄂温克人在游猎时代经常使用的狩猎工具，是世居山林的狩猎民族在千百年的生活实践中的智慧创造。使用鹿哨，提高了狩猎效率。

　　使用鹿哨诱猎的对象主要是马鹿、驼鹿等。

　　鹿哨由有经验的猎人自己制作，制作技艺口耳相传。鹿哨以桦树皮、桦木、松木等为制作材料，其形制有牛角形、喇叭形等多种。

　　从现存的藏品资料来看，近代使鹿鄂温克人既采用桦树皮作为鹿哨的制作材料，也采用松木作为制作材料，但以桦树皮为材料的存世品较少，相对来说，木鹿哨多些。

－ 补充材料 －

猎人使用鹿哨时，常隐蔽于林间逆风处，单手持哨站立吹奏。嘴角斜对着吹口，鹿哨吸气时发音，犴哨吹气时发音，其音尖细而清亮……总之，鹿哨需通过人的口形和气息变化来控制发音。

秋天是鹿群的发情期，它们用叫声寻找配偶，相互追逐。此时也正是猎人狩猎的黄金季节。猎人身披兽皮，头戴兽皮帽，携带鹿哨和武器在鹿群经常出没的林间埋伏好。他们使用鹿哨模拟公鹿的叫声，母鹿就会闻声而至，寻找配偶。公鹿也会与哨声相和，前来争夺母鹿。猎人待鹿群进入伏击圈又毫无警觉时将其射杀，总会得到满意的收获。

跷旋板

　　跷旋板，鄂温克语叫"坡力刊"，是使鹿鄂温克人古老的体育运动项目之一。跷旋板的两端一边代表雄鹿，一边代表雌鹿，竖起来的抓手代表雄鹿鹿角，横着的抓手代表雌鹿鹿角。跷旋板分高矮两种，高的是青年人玩的，矮的是少年儿童玩的。两边坐人后顺时针旋转并做一起一落的运动。跷旋板有它的寓意，高的代表爱情幸福、美满，矮的代表快乐、团结、上进。

　　跷旋板的制作方式如下：

　　在有空地的林中，选择一棵树，在树根以上适当处将其锯断，把树的上端砍成一段圆锥体。再选一根比这个圆锥体粗的原木，刮去表皮，在两端安上把手，以供人坐上去时把扶。中间抠出与锥体的圆柱部分相吻合的凹槽，最后把这段原木倒扣在圆锥体上，凹槽部分与圆锥体部分恰好咬合，一个跷旋板就做好了。

使鹿鄂温克人玩的跷旋板和普通的跷跷板不同，它既可以上下翘动，又可以左右旋转或者转圈。一个人先坐在一头，另一个人在对面按压跷旋板，使其翘起，然后推动跷旋板使其旋转，在其落地之前选择适当时机坐上去。两人借助脚的蹬力令跷旋板旋转，时快时慢，忽高忽低，直到尽兴。玩跷旋板，身体重的人占优势，因为把对方翘得多高、翘得多久，他总是占有主动权。当然，更多的时候也是力量的较量。这项运动运动量大，经常做可以愉悦身心、强身健体。

　　要注意的是，玩跷旋板需要经常检查原木凹槽处是否有断裂迹象，以防止运动中发生意外。

锯驯鹿茸

20 世纪 60 年代初，国家开始收购驯鹿茸。奇乾乡派出兽医孔繁礼到外地学习锯茸技术，他回来后再传授给猎民。猎民大会期间，猎民都把驯鹿赶到了奇乾乡附近。孔繁礼在猎民的帮助下，选择几头驯鹿一边进行锯茸示范，一边教授方法。猎民看到锯茸后的驯鹿和平时没有什么不一样，便解除了顾虑，纷纷开始给驯鹿锯茸。锯下的鹿茸全部由供销社收购，一直延续到改革开放。

2003 年，使鹿鄂温克人放下猎枪，开始发展旅游业。驯鹿成为民俗游的主角，锯茸时断时续，锯茸能手逐渐减少。

那么如何锯鹿茸呢？

首先要做好准备工作：在一棵树上捆绑两根松木杆，捆杆的绳子一端预留一部分，长度能捆绑驯鹿的肚带即可；检查锯茸工具，工具箱中装有消炎药、茸根绑线、茸锯等必备工具；安装茸锯——钢锯弓、木工锯条；把驯鹿牵进锯茸架子，在驯鹿的茸根处系上绑线，勒紧，防止锯茸后出血过多。

把驯鹿牵进锯茸架子后的准备工作一般需要 3 人配合才能完成。站在驯鹿左侧的人从驯鹿肚下把肚带同左侧木杆捆绑在一起，从脊背上连接右侧木杆并捆绑结实。站在驯鹿右侧的人用笼头绳把鹿头捆绑在树上。此时，驯鹿会拼命挣扎，锯鹿茸的人要非常小心，防止碰伤茸角。

一切准备完毕，锯茸的人右手握茸锯，左手扶茸角，开始锯茸。"噌噌"两三下，驯鹿茸被迅速锯下来。其他人立即给茸根敷消炎粉，防止发炎。被锯下的两只鹿茸完整、茸根短，又不伤头皮，恰到好处。

图 42 锯鹿茸的猎民

驯鹿鞍具

　　驯鹿是使鹿鄂温克人搬家、迁徙、出猎、驮运猎物等必不可少的工具，使鹿鄂温克人生产、生活都离不开它。驯鹿出发前要戴上使鹿鄂温克人自制的笼头，备上鞍鞯。

　　驯鹿笼头，鄂温克语称"乌黑"。

　　驯鹿鞍，鄂温克语称"额莫恩"。驯鹿鞍长 60 厘米左右，两头的支架有用鹿骨、犴角制作的，也有木质的。驯鹿鞍与马鞍相似而略小，主要由鞍骨架和鞍垫组成，没有肚带，没有脚蹬，用皮条把鞍子勒在驯鹿背上。

　　鞍骨架，古时用兽骨、兽角制作，近代以木质居多。鞍子两头刻着精美的花纹。每家每户驯鹿鞍的花纹各不相同，有花草植物纹，也有鹿角纹等，一看花纹就知道驯鹿鞍是谁家的。

　　鞍垫主要用鹿筋线缝合兽皮而成，现在用帆布或其他面料代替兽皮。鞍垫要与鞍子的形状、大小相吻合，里面的填充物基本上都是驯鹿脖子下面的鬃毛。鞍垫缝制在鞍架下，与鞍架成为一个整体。这样，驯鹿在林中穿行时脊背就不会被磨破了。

驯鹿鞍没有肚带，它的平衡主要靠两侧重物和附件掌控。

"古玛兰"是使鹿鄂温克人役使驯鹿的专用鞍垫，平时也可以当坐垫，俗称"防雨披"。它与一般鞍垫不同，用于苫盖在鞍子两侧的物品上，起防雨作用。古时"古玛兰"用金线、骨针缝制兽皮而成，应大于驯鹿鞍，中间用犴头皮拼缝在一起形成图案，四周用熊皮围边，是使鹿鄂温克人毛皮画的源头。

在狩猎时代，驯鹿主要用于驮运大型动物的肉。1头大犴的肉，8头驯鹿就能轻松地运回猎民点。

驯鹿还可以骑乘，驮人的驯鹿鞍叫"呐玛如"。驯鹿的鞍具都有专门称呼，驮运生活物品的驯鹿鞍叫"乌土克吾"，驮运"玛鲁神"的驯鹿鞍叫"玛鲁吾"。

第六章

—

—

敖鲁古雅美食

　　美丽的呼伦贝尔不只有广袤的草原，还有一望无际的
大兴安岭林海。根河市敖鲁古雅地处草原和森林的交界处，
这里既有草原特色美食，又是各种山珍的原产地。

　　使鹿鄂温克人曾依靠打猎维持生活，他们是吃野味长
大的。

图 43. 不冻河边的鹿群

　　使鹿鄂温克人射猎的对象主要是鹿、犴、狍子、野猪、熊等出肉量多的大型野兽；灰鼠、野鸡、兔子、飞龙、狐狸、猞猁、鱼类等也是其射猎对象。

　　在游猎时代，兽肉是他们的主食，同时还食用鱼类和飞禽肉，粮食是补充食品，副食有野菜和野果；日常饮用驯鹿奶茶、红茶及其他自制茶品；嗜好白酒、果酒和口烟。
进入 21 世纪后，随着传统与现代的碰撞与融合，使鹿鄂
温克人创制出更加丰富多彩、营养美味的食物，成为独具
特色的民族美食。

狩猎时代的回味——兽类肉食

狩猎时代，兽类肉食主要以煮、烤、烧为主，如炖野猪肉、烀手把肉、烤鹿肉串、烧犴块等。鹿科的狍子和马鹿的肾、肝，常常即猎即吃。猎人也把吃不完的鲜肉制成生、熟两种肉干储存备用。肉干以烧着吃味道最美。使鹿鄂温克人认为熟透的肉没有嚼头，半生不熟的肉又香又筋道，还抗饿。野兽的食道、气管、肺、胃、肠子、腐肉及枪伤部位的肉，他们是不吃的。

到山中打猎，除打猎工具外，火柴和食盐是必备的两样物品。打到猎物后，就地取材，或用几块石头，或用几根木杆，支起吊锅煮肉吃。这种吃法，猎民称之为"手把肉"。在没有吊锅时，就直接烧着吃或烤着吃。最简单的烹饪方法最能保留食物的原汁原味。

敲骨吸髓是使鹿鄂温克人常见的一种特殊吃法，就是把野兽的腿骨放进篝火里烧烤，腿骨被烧至裂开后，骨髓油从裂缝中溢出，滋滋作响。取出后，用刀背敲开腿骨，骨髓就像香肠一样喷香可口。当你吃过之后，才会明白古人所谓的"食髓知味"的含义。骨髓煮着吃，香得有点腻；生着吃大补，能驱寒健骨，增强体质。

熊掌、犴鼻、鹿尾、飞龙等曾是历代皇帝的御膳，均属"上八珍"之列。肉汤是煮肉的副产品，用来下面条、泡米饭、就"格列巴"喝。

猎餐美食：蒸鹿尾儿

"山头鹿，角芟芟，尾促促。"（唐·张籍《山头鹿》）鹿尾鲜嫩如肝，清而不腻，香有别韵，大补虚损，具有药补的功能。自古即受追捧的鹿尾，从唐代开始就是进献的贡品。到了清代为全盛期，盛京将军每年冬至后进贡御膳用鹿尾，至立春日才止。鹿尾是御宴珍馐，王公贵族的"八珍"之一，寻常百姓家只有猎人能吃到。

猎餐美食：烀犴鼻子

在鄂温克人猎民点，老马嘎拉特别高兴，拿出捕获的犴鼻子让知青们尝。他把那三只犴鼻子扒了皮，之后就扔进炖肉的锅里。每人盛上一大碗！做法没什么讲究，也没什么佐料，但那个香很特别，是那种不腻人的香，食过难忘。

猎餐美食：蒸熊掌

熊冬眠时以舔掌为生，掌中津液胶脂渗润于掌心，是熊掌营养丰富的原因之一，而其前右掌因为经常舔，故特别肥腴，有"左亚右玉"之称。鄂温克人吃熊掌的方法很简单，在煮肉的锅里煮熟即食。

使鹿鄂温克猎民习惯用石烹法煮肉。方法是把兽肉放在桦皮桶里，装入适量的水，把石子烧红，用木棍夹入水中，反复操作，直到把肉煮熟为止。

野炊时，则把捕获的野兽的胃翻过来，装上肉和水，吊在三角支架上，底下笼上火，边烤边不断往胃上淋水，防止把胃烧焦，直到把肉煮熟为止。

住"撮罗子"的狩猎时代，猎民做饭是没有炉灶的，都是就地生火，只有在烤"格列巴"时才会用到炉灶。

大的飞禽是要炖着吃的，小的飞禽主要用来做汤。棒鸡炖蘑菇、黄花飞龙汤都是经典的美味珍馐。

传统与现代相融合的特色美食

"锦鳞在水，香菌在林，珍禽在天，奇兽在山。"随着时代的发展、社会的进步，使鹿鄂温克人生活和饮食文化也发生了变化。现在野生动物受到保护，人们不再捕捉食用，但上天赐予这里丰富多样的山珍特产，乡民们将传统与现代饮食结合，不断推出更丰富的本土美食，受到更多人的青睐。

鱼类

冷水区域的湖泊、河流盛产细鳞鱼、白鱼、山鲇鱼、柳根、鲫鱼、滑仔鱼、狗鱼，这些都是使鹿鄂温克人喜食的品种。他们夏天乘着桦皮船叉鱼、网鱼、下挂子，有时也用枪打鱼，捕捞方法多样。冬季则凿冰叉鱼。阿龙山岩画附近的河湾里有个"赫晕"（深潭），在冬天，一凿开冰，鱼就一条条往上蹦。

鱼类的烹饪方法有炖、烤、调鱼汤。用河水炖河鱼，只加盐，享受原汁原味，特别美味可口。吃不完的晒成鱼干备食。

猎餐美食：清蒸细鳞鱼

细鳞鱼，天然冷水鱼，肉质细嫩，味道鲜美，具有很高的营养价值。清蒸味道奇佳，只需用少许油盐调料，蒸 30 分钟左右即可。

面食类

使鹿鄂温克人的面食首选面包，叫"格列巴"。吃"格列巴"时，常蘸驯鹿奶、野果酱，或者泡汤就着吃。此外，还有叫"卡拉巴""阿拉吉"的面食。

野菜、野果类

在根河的山野里，野菜、野果很丰富。野菜有蘑菇、黄花菜、柳蒿芽、婆婆丁、老山芹、野韭菜、野葱等几十种。野果有"都柿"（蓝莓）、"牙格达"（红豆）、草莓、

稠李子、水葡萄、羊奶果、山丁子、松子等几十种，既可
鲜食，又可熬酱、做果汁。

在根河，各种野生可食用蘑菇就有几十种，还有木耳
和独特的敖鲁古雅鹿产品等。如此多的山珍构成了当地特
色美食：红焖鹿肉、鹿肉大串、小鸡炖蘑菇、泉水豆腐、
山参丸子、肉丝蕨菜、素三鲜（黄花菜、木耳、鸡蛋）、
柳蒿芽羹等。

山上的野生蓝莓、蔓越莓含有丰富的花青素和维生素，
具有抗氧化作用。每到秋天，鄂温克人都一盆一盆、一桶
一桶采回家，做成果酱、饮品或泡果酒保存起来，以备自
家食用和招待客人。

饮料类

山中可食用的野生植物，其果、根、叶等可用来沏水
喝。如刺玫果、"苏日突"（桦树泪，相当于红茶）、"黑
门库日"（红豆根，相当于红茶）、"舌都"（高粱果叶
子）、"阿尼咪的"（猪牙草）、婆婆丁干叶等均可代茶饮。
喝桦树汁只限于夏季。驯鹿奶茶、红茶则是常喝的饮料。

敖鲁古雅特色食谱

使鹿鄂温克人的饮食以面食和肉类为主。面食主要有"格列巴"和"阿拉吉";肉类主要是驯鹿肉(进口)、野猪(二代驯化)肉、牛羊肉、鱼等。同时喜爱喝驯鹿奶茶。

野菜类

素炒荠菜

苦菜(苣荬菜)豆腐

蒲公英蜇皮

炒沙参叶

金针鸡丝

松子香菇

炝老牛锉

野葱拼盘

凉盘类

蓝莓雪糕

凉拌野菜(黄花菜、野葱、四叶菜)

炸蘑菇(有蘸料)

驯鹿奶皮炝菜

鹿肉干

炸柳根

烧烤类

烤肉串

炒鹿肉

敲骨吸髓

炖菜类

手把肉

烀牛排

鹿肉丸子

鹿排柳蒿芽

小鸡炖蘑菇

炖野猪（二代驯化）肉

炖鹿肉

铁锅炖

主食

"格列巴"（面包）

"阿拉吉"（油炸果子）

"卡拉巴"（薄饼）

"利思其克"（馅饼）

松子饼

蓝莓饼

酒水

鹿血酒

茸鞭宝酒（滋补酒）

都柿酒

红豆酒

蓝莓汁

鹿奶茶

桦树泪

金莲花茶

玫瑰花茶

杜鹃茶

灵芝茶

肝复灵茶

致谢词

通过整理近 40 年的田野调查笔记，我完成了本书初稿的撰写，有了结集出版的想法。一年来，从确定篇章结构、安排重点内容、组织编委到审查书稿、联系出版社、提供精品项目资金，整个过程得到了中共根河市委组织部、根河市文学艺术界联合会的大力支持。本书的完成也得益于各位编委的通力合作、辛勤付出，在此向你们表示深深的谢意！我将部分书稿打印后分送鄂温克族的朋友和专家学者，得到了宝贵的反馈意见，在此一并表示衷心的感谢！

回忆过去的岁月，历届敖鲁古雅鄂温克族乡党委、政府给我提供了很多工作上的便利，我与众多乡民也成了好朋友，他们拿出实物并为我耐心介绍，真心实意地讲述自己的故事，这些都是本书得以完成并出版的源头活水。

祝福使鹿鄂温克人幸福安康！

祝福中国冷极根河的明天越来越好！

孔繁志

2023 年 10 月 29 日写于燕郊